LES DANGERS

DE L'OPINION,

DRAME EN CINQ ACTES, EN VERS.

LES DANGERS

DE L'OPINION

DRAME EN CINQ ACTES, EN VERS;

Représenté, pour la première fois, à Paris ; sur le théâtre de la Nation, par MM. les Comédiens François ordinaires du Roi, la mardi 19 janvier 1790.

PAR J. L. LAYA.

Le crime fait la honte et non pas l'échafaud.
ROTROU.

PRIX, 30 sous.

A PARIS,

Chez MARADAN, libraire, rue Saint-André-des-Arcs, hôtel de Château-vieux.

1790.

DISCOURS PRÉLIMINAIRE.

Je n'ai que des remercîmens à faire au public
qui a accueilli ma pièce, aux acteurs qui l'ont
représentée, à MM. les journalistes qui en ont
rendu compte, pour les encouragemens qu'ils
m'ont donnés; à ceux même qui l'ont épargnée
le moins, pour le mal qu'ils n'en ont pas dit.

J'avois commencé cet ouvrage dix-huit
mois avant la révolution. Le plan et les trois
premiers actes furent faits en deux mois : je lus
le plan à deux de mes amis, qui me dirent que
j'étois un fou de traiter un pareil sujet ; que
j'allois perdre mon tems et mes vers, et que le
parlement, qui venoit de brûler *le mémoire de*
M. Dupaty (1), *en faveur des trois hommes*

_____

(1) Tout le crime de ce magistrat étoit de
prouver dans ce mémoire les vices du Code criminel.

a ij

condamnés à la roue, sauroit au moins empê-
cher la représentation de mon Drame : je crus
mes amis, et je laissai l'ouvrage sur le métier.
Un autre ordre de choses vint m'avertir qu'il
étoit tems de le reprendre ; je me hâtai, et
MM. les comédiens furent bientôt en état d'en
offrir la représentation.

Je suis entré dans ce détail pour convenir
avec quelques-uns de MM. les journalistes
qu'ils ont très-judicieusement observé que
j'avois traité mon sujet avant l'époque qui devoit m'enhardir à attaquer le préjugé *en face*.
Quoi qu'il en soit, je conviendrai avec la
même franchise que, même en ce moment, je
ne choisirois pas d'autre plan que celui que je
m'étois tracé d'abord. Je peux m'abuser, mais
il me semble que n'étant pas législateur, je ne
peux pas faire des loix ; qu'en représentant un
pere donnant sa fille au parent du criminel
qui vient d'expirer sur la roue, je n'offrirois à
chaque pere de famille qu'une exception qu'il

seroit libre de rejetter. «C'est fort bien», disoit quelqu'un, en sortant d'une représentation de mon ouvrage, « l'accusé a bien fait d'être hon- » nête homme, car à la place de Saint-Hel- » monde, Darleville n'auroit jamais eu ma » fille ». Cette même personne, en supposant le parent coupable, et le pere cédant aux larmes des deux amans, n'auroit-elle pas pu dire que les sotises d'un homme ne prouvent rien, et que la foiblesse de Saint-Helmonde est d'un fort mauvais exemple.

Moliere, en reproduisant les vices et les ridicules sur la scene, les a-t-il attaqués *en face*, comme on l'a entendu en parlant de ce préjugé? Son faux dévot se corrige-t-il? Son avare se corrige-t-il? Tous ses personnages restent fideles à leurs caracteres : qu'auroit-on répondu aux critiques du tems qui auroient desiré pour le but moral de ces deux chefs-d'œuvres, qu'Harpagon vînt à la fin donner des leçons de libéralité, et que Tartufe prêchât sur la vraie dévotion ? Ces changemens de caractere que la nature ne peut souvent opérer dans le cours de la vie d'un homme, les peut-on hafarder sur la scene en vingt-quatre heures ? J'avoue que j'ai toujours été blessé au théâtre, quand un personnage mentoit à ce que j'appelle sa physionomie; et je ne conçois pas plus qu'un homme imbu de préjugés les foule aux pieds en si peu de tems, que je n'entends qu'un jaloux puisse tout-à-coup cesser de l'être. Si le changement est brysque, dira-t-on, il doit déplaire; mais si l'auteur l'a gradué avec art, l'optique du théâtre saura le rendre vraisemblable, et l'illusion sera complette. Je répondrai, qu'en effaçant peu à peu les traits saillans d'un caractere, il en résulte qu'il devient vers la fin moins prononcé, et que le spectateur, dont vous devez ménager l'incertitude jusqu'au dénouement, la perd à mesure qu'il en approche, et voit d'avance, dans la foiblesse d'un personnage, le but de

us vos moyens, qui cesse de l'intéresser,
qu'il a commencé de le prévoir. Si l'on
ine que Saint-Helmonde, convaincu par
es raisonnemens du Lord, ou attendri par les
armes de sa fille, va unir les deux jeunes gens,
s-lors plus de raisons de trembler pour eux.
oins d'oppositions de la part du pere, moins
danger pour Cécile et pour son amant.
intérêt se rallentit, quand il devoit être à son
comble; et le spectateur se refroidit avec la
iece. J'ajouterai que Darleville seroit bien
moins intéressant si son parent étoit coupable. Telle est au moins mon opinion (1).

J'aurois pu répondre en deux mots à ces reproches : que je n'ai point intitulé ma piece :
Le préjugé vaincu; et qu'on n'a pas le droit

---

(1) C'est à ce qu'il paroît aussi l'opinion du
public, qui l'a manifestée toujours jusqu'ici par
des applaudissemens, quand le Lord vient dire :
Il étoit innocent !

d'exiger d'un auteur plus qu'il n'a promis. J'ai voulu offrir un tableau au législateur et au pere de famille qui les effrayât des suites de ce préjugé, et qui les excitât, l'un, à s'occuper de le détruire, l'autre, à chercher dans son cœur des forces pour le braver; et j'ai donc donné pour titre à la piece : *les Dangers de l'Opinion.*

Quelques personnes ont trouvé la scene du poison un peu forcée : Je sais qu'on met aujourd'hui plus de philosophie à supporter les pertes de l'amour, et que le grand nombre ne seroit pas tenté, en pareil cas, d'imiter mes jeunes gens : aussi n'y a-t-il qu'une réponse à faire à ces critiques : *Messieurs, vous n'avez point aimé.* Car sans citer une infinité d'exemples de ces victimes volontaires de l'amour, je prierai mon lecteur de vouloir bien se rappeller que *Mélanie* ne s'empoisonne pas pour une autre cause, et j'observerai encore, en citant cette éloquente production à l'appui de ce que j'ai dit plus haut, que le pere de Mélanie, fidele comme le mien à ses principes, y per-

jusqu'à la fin ; qu'on peut dire de même ce i :ame que le préjugé n'y est pas détruit. Cependant le but moral de ce bel ouvrage me semble bien plus efficace que si l'auteur, en faisant reconnoître au pere l'abſurdité de ses principes, eût uni *Mélanie* à son amant.

Quant à la condamnation de l'accusé qui semble blesser la vraisemblance ; c'est un trait puisé dans les *Causes célebres*, et qui prouve la justesse de cette maxime:

Le vrai peut quelquefois n'être pas vraisemblable.

Au reste, ma piece a été commentée et refaite par tout le monde après la représentation: je crois que tout le monde auroit beaucoup mieux fait que moi. Chacun m'est venu proposer son plan, et j'ai vu qu'en suivant tous ces bons conseils, j'aurois ressemblé à cet artiste qui, voulant peindre une belle femme, rassembla chez lui vingt beautés ; prit les yeux de l'une, de l'autre la bouche, le front de celle.

ci , &c. et fut tout étonné , après un long tr
vail, de voir respirer un monstre sous so
pinceau. J'en demande pardon au public; ma
je me suis offert à lui avec toute ma foiblesse
j'excepte pourtant de mon ouvrage deux e
droits dans le rôle du Lord que j'ai imités d
discours en prose de M. *de la Cretelle*, *sur l*
préjugé des peines infamantes, et la proposi
tion de *milord Edouard, de la nouvelle Héloïse*,
que j'ai aussi imitée.

Il ne me reste plus qu'à m'acquitter du tribut
de reconnoissance que je dois à madame *Petit*.
Mes applaudissemens auront bien peu de va-
leur après tous ceux du public ; mais je dois,
pour mon compte, la remercier du plaisir
qu'elle a fait à tout le monde.

On sait combien les débuts de madame *Petit*
ont été brillans : le public avoit quelquefois
paru l'oublier ; et, il faut être juste, le public
n'a pu percer la barriere qui fut souvent mise
depuis entre elle et son talent. Le rôle de Cécile
vient de nous la rendre toute entiere. Ce rôle,

qui demandoit toute la perfection d'une actrice consommée, s'il est au-dessus de l'âge de madame *Petit*, n'a point paru au-dessus de ses forces. Chaleur, énergie, sensibilité, profondeur, son talent a tout déployé : l'ouvrage fut souvent plutôt au-dessous de son expression, que son expression au-dessous de l'ouvrage. Je n'ai fait, en la chargeant de ce rôle, que lui procurer un moyen de me faire valoir ; et, croyant, dans ce don, consulter sur-tout l'amitié, j'ai travaillé, sans y penser, à l'intérêt de mon amour-propre.

On dit depuis long-temps que MM. les comédiens vont donner *Mélanie* : qui peut donc en retarder la représentation ? Ce n'est pas madame *Petit*, à qui M. *de la Harpe* a confié le rôle de *Mélanie* : elle est en état de le jouer quand on voudra. L'intérêt de la comédie s'accorde, à cet égard, avec le desir du public : pourquoi donc différer si long-temps ce que le public demande ?

PERSONNAGES.

M. de St-HELMONDE, riche négociant retiré.	M. NAUDET.
Madame de St - HEL-MONDE, sa femme.	Madame SUIN.
CÉCILE, fille de M. et de Madame de Saint-Helmonde.	Madame PETIT.
DARLEVILLE, amant de Cécile.	M. SAINT-PHAL.
MILORD, ami de Darle-ville.	M. VANHOVE.
M. DARTIGNY, syndic d'une compagnie.	M. LA ROCHELLE.
LISETTE, femme-de-chambre.	Mlle. ÉMILIE CONTAT.
PICARD, vieux domes-tique, mari de Lisette.	M. DAZINCOURT.
Un domestique étranger.	M. MARCHAND.

La scène est à Paris, dans l'appartement de M. DE SAINT-HELMONDE.

LES DANGERS
DE L'OPINION.

ACTE PREMIER.

SCENE PREMIERE.

M. DE SAINT-HELMONDE, PICARD.

M. DE SAINT-HELMONDE, (*une lettre à la main.*)

Hola! Picard . . . . (*Il entre*) voyez si mes chevaux sont mis.

PICARD.

Vous sortez ? si matin !

M. DE SAINT-HELMONDE.

Faites ce que je dis. . . . ?
Ecoutez . . . . cette lettre. .

A

PICAD.

Hier en votre absence

Je l'ai reçue.

M. DE SAINT-HELMONDE.

Allez, et faites diligence.

SCENE II.

M. DE SAINT-HELMONDE, *seul.*

CE conseiller Blancer, que peut-il me vouloir?
J'ai reçu son billet fort tard hier au soir :
Il veut, dit-il, me voir sur le champ, et m'invite
A ne conclure rien avant cette visite.
Sur les mœurs de mon gendre a-t-il quelque
       soupçon ?
Cela n'est pas possible !... Eh ! par quelle raison
De sa part aujourd'hui reçois-je un tel message ?
Il s'y prend un peu tard pour rompre un mariage!
Si tel est son projet, ma fille ce matin,
Au sort de Darleville attache son destin.
Ce parti, de tout tems, m'a paru fort sortable :
Darleville est très-riche; il est honnête, aimable,
Jeune, né comme moi d'un brave commerçant
Qui transmit à ses fils l'honneur avec le sang.

Depuis le coup fatal qui lui ravit son pere ;
Il a montré toujours un fort bon caractere,
De la conduite enfin, de l'ordre ; j'ai permis
Que dans cette maison il fût toujours admis ;
Comme un second enfant je l'ai traité moi-même :
Non, il n'a pu trahir ma Cécile qu'il aime.
Cependant, ce billet, son ton mystérieux
Ne m'a pas de la nuit laissé fermer les yeux.
Ces gens de robe ont tous un démon sympathique :
Ils vous diroient bonjour en style énigmatique.

SCENE III.

M. DE SAINT-HELMONDE, PICARD.

PICARD.

La voiture, Monsieur, est là qui vous attend,
Vous ne déjeûnez point ?

M. DE SAINT-HELMONDE.

                    Je rentre dans l'instant,
Ma canne, mon chapeau. . . . . . Si je faisois
        attendre,
Qu'on déjeûne sans moi.   (Il sort.)

                              A 2

SCENE IV.

PICARD, *seul.*

MADAME va descendre ;
 (*Il s'occupe à ranger les meubles.*)
Tâchons d'arranger tout ... Il sort de bon matin !
Mademoiselle est prête ... Elle attend au jardin
Cette heure trop tardive où M. Darleville
Va serrer de sa main la main de sa Cécile.
Ces pauvres enfans-là comme ils s'aiment ! vraiment,
C'est un charme ! on s'accorde ici parfaitement !
Madame aime Monsieur .... Monsieur aime
    Madame
Un peu plus froidement ... comme on aime sa
    femme.

(*A Lisette.*)

C'est toi ! déja parée !

SCENE V.

PICARD, LISETTE.

LISETTE.

Oui : depuis un beau tems,
Ma foi ! que disois-tu tout seul entre tes dents ?

PICARD.

Je disois . . . . j'en étois sur l'union touchante
Qui regne ici : l'on s'aime ! oh ! moi, cela m'en-
chante !.
Ne m'aimes-tu pas ?

LISETTE.

Oui : je suis ta femme.

PICARD.

Ainsi ,

Vous m'aimez-là... Comment ?

LISETTE.

Comme on aime un mari.

PICARD.

Tu brûles sagement !

A 3

LISETTE.

Monsieur aime madame ;
Mais il est si sévere !

PICARD.

Ah ! vous voilà, ma femme !
Mais il est si sévere ! il vous faudroit, à vous,
Un bon époux vraiment qui ne fût point époux.
Monsieur de Saint-Helmonde aujourd'hui dans
l'aisance ,
Ne fut pas toujours riche : il vit son espérance
Souvent avec ses biens exposés sur les mers,
Du commerce incertain éprouver les revers.
Il faut pour recueillir, semer, la chose est claire ;
Et l'on n'est en crédit , qu'autant qu'on le sait
faire :
Fort bien ! les magasins s'ouvrent à tous venans :
Les fripons sont toujours les plus honnêtes gens !
On n'a qu'à les entendre ! Alors perte sur perte !
La bourse avec le cœur pour tous étoient ouvertes ;
Mais l'illusion cesse : on les ferme tous deux ;
Les hommes sont connus, il faut se garder d'eux :
On devient dur , méchant quelquefois ; et mon
maître
A ses dépens de même apprit à les connoître :
Mais si son caractere a quelque dureté,
Il est, quant à l'honneur, intact de tout côté.

LISETTE.

Vraiment ! à cet égard, il est encor blâmable.

PICARD.

Bon !

LISETTE.

Il n'a pas voulu voir un homme estimable,
Dont le tort fut d'avoir un fils mauvais sujet.

PICARD.

Un fils dont par la ville on a crié l'arrêt :
Quel mauvais sujet !..... Ah !

LISETTE.

Le pere étoit honnête.

PICARD.

Mais l'honneur ! tout s'arrange au gré de votre
tête !

LISETTE.

Tiens, l'honneur est chez vous d'une sévérité
Qui sied mal à mon sexe : il aime la bonté.
Dis, cet anglois, l'ami de Monsieur Darleville
Qu'on attend ce matin ; je te le donne en mille,
Devine ce que c'est ?

PICARD.

C'est un anglois.

A 4

LISETTE.

Comment !

Oui : mais de plus, un lord.

PICARD.

Un lord ! bon !

LISETTE.

Oui vraiment!

PICARD.

On le dit honnête homme, et moi, j'ai la foiblesse,
De croire que cela vaut mieux que sa noblesse.

LISETTE.

Oh ! maintenant, Monsieur donne dans la
grandeur,
Depuis qu'il a payé bien cher un peu d'honneur ;
Cet état, tu sais bien, qui d'un bourgeois fait
naître
Maints nobles qui le sont sans mériter de l'être.
Mais on dit que le gendre et l'anglois sont fort
bien.
Ce jeune homme ira loin, l'autre lui veut du bien.

PICARD.

Voici Mademoiselle.

SCENE VI.

Les mêmes, CÉCILE.

CÉCILE.

Eh bien ! Picard , Lisette ;
Je vais vous dire adieu ; mais mon cœur vous
regrette.
Croyez.....

PICARD.

Le nouveau bien que vous allez goûter ,
Nous rend notre malheur moins dur à supporter.

CÉCILE.

Je veux vous voir heureux ; votre sort m'inté-
resse.
Vous avez un bon maître , une bonne maîtresse
Qui vous aiment tous deux.

LISETTE.

Pour Madame, on sait bien
Qu'elle n'a jamais pu haïr.

CÉCILE.

Ne craignez rien,
Mon pere a, je le sais, l'humeur un peu sévere ;
Mais il est toujours juste, et vous aurez ma mere
Qui prendra près de lui vos intérêts en mains,
Et vous consolera de vos petits chagrins :
Elle n'a jamais pu voir souffrir auprès d'elle.

LISETTE.

Eh ! qui sait mieux cela que nous Mademoiselle ?

CÉCILE. (*Elle lui remet une bourse.*)

Comptez encor sur moi. Mon cher Picard, tenez,
Voici pour votre enfant. Vous Lisette, prenez ;
Cette montre est pour vous. Mes bons amis, j'espere
Que vous n'oublirez pas celle qui vous fut
chere. . . . .
Allez. . . . .   (*Ils se retirent.*)

SCENE VII.

CÉCILE, *seule.*

JE ne saurois laisser, sans m'attendrir
Des amis, des devoirs qu'il m'est doux de chérir.

O mon cher Darleville, ah! sans toi que j'adore ;
Quitterai-je des biens que je regrette encore ?
Mais le regret se tait où commande l'amour....
Il devoit en ces lieux paroître avec le jour.
Depuis une heure au moins je l'attends.... je m'apprête
D'avance à le gronder... je sais ce qui l'arrête :
Pour son cousin sans doute...Oh! oui, c'est ce procès
Qui le retient !... Il est, dit-il, sûr du succès....
Si j'ai de ses pensers pourtant quelqu'habitude,
J'ai lu dans ses regards un peu d'inquiétude.
Mon pere heureusement ne sait rien de cela ;
Sur un faux point d'honneur les principes qu'il a ....
Ah ! je serois perdue ! et notre mariage.....

SCENE VIII.

CÉCILE, DARLEVILLE.

CÉCILE.

Vous voilà, mon ami, je n'ai plus le courage
De vous gronder.... J'en ai pourtant fait le serment.

DARLEVILLE.

Milord m'a fait attendre : il vient dans un moment !

CÉCILE,

Vous ne l'amenez point ?

DARLEVILLE.

Il descend de sa chaise :
Moi, je l'ai laissé seul s'apprêter à son aise.
Il veut ici paroître en habit plus décent.
On l'attendoit hier au soir ; un accident
A causé son retard : plus long-temps en voyage,
Il ne nous eût trouvés que dans notre ménage.

CÉCILE.

Il vous aime toujours ?

DARLEVILLE.

Comme son propre fils :
Je vous l'ai dit : mon pere et lui furent amis.
Vous savez nos malheurs : son crédit, sa richesse
Nous a tous obligés dans ces jours de détresse ;
Et mon pere a reçu des mains d'un étranger
Un secours où les siens craignoient de s'engager.

CÉCILE.

C'est ainsi qu'on en use ; et telle est l'injustice
Que, qui ne vous doit rien souvent vous rend
    service ,
Et tel vous doit beaucoup qui pour vous ne fait
    rien !
Milord ne s'est ici fait connoître qu'en bien :
Ses lettres, l'amitié qui pour lui vous anime,
L'ont mis depuis long-temps bien haut dans mon
    estime.

DARLEVILLE.

Quand vous le connoîtrez, vous penserez de lui
Tout ce que je vous vois en penser aujourd'hui.

CÉCILE.

Je le crois.... mon ami, vous avez des nouvelles
De votre parent ?

DARLEVILLE.

        Oui.... j'en ai de bien cruelles!
Je les taisois de peur de vous trop alarmer,

CÉCILE.

Comment ?

DARLEVILLE.

Hier au soir j'ai couru m'informer.

Si l'on m'a bien instruit, on attent la sentence;
Au rapport qu'on m'a fait, je dois frémir d'avance.
Des traîtres (car quel nom donner à l'imposteur
Qui, contre l'innocent, ôse être délateur?)
Des traîtres ont juré d'en faire leur victime.
Capable d'une erreur, incapable d'un crime.
Je connois mon cousin : d'un courage imprudent
Il aura pu s'armer à son corps défendant ;
Il a pu, trop adroit, tuer son adversaire. . . . .
Il est loin d'un duel à cette horrible affaire l.

CÉCILE.

Il est vrai.

DARLEVILLE.

Son malheur s'étend sur ma maison :
Fils d'un frere de pere, il porte notre nom.
Je frémis d'y penser ; nos loix sont si cruelles !

CÉCILE.

J'ai là pour vous aimer bien des forces contr'elles.
Vous n'en serez pas moins mon époux, mon
    amant ;
Mon pere ne sait rien de cet événe ment. . . .

DARLEVILLE.

Il en coûte à mon cœur encor de le lui taire.

CÉCILE.

Ah ! cachez lui toujours ce dangereux mystere.

otre aveu nous perdroit. . . . dans deux heures
      au plus,

ous ferons des sermens pour l'amour superflus;
ls sont depuis long-temps prononcés dans notre
      ame.

her Darleville, au nom de ces nœuds, de ma
      flâme,

enfermez jusque-là ces funestes secrets :
h ! puisse-t-ils encor les ignorer après !
    moins, plus aisément, notre ame soulagée
ortera l'infortune entre nous partagée :
i le monde nous fuit ; dans des liens si doux,
 ous pourrons nous suffire en vivant avec nous !
poux, amans, amis, voilà ce que nous sommes !
h ! qu'avons-nous besoin du vain regard des
    hommes ?

      D A R L E V I L L E.

Je sens à votre voix, qui calme ma frayeur,
La consolation renaître dans mon cœur.

      C É C I L E.

'tes-moi, mon ami, Milord peut-il connoître
Votre parent ?

      D A R L E V I L L E.

    Jamais il ne l'a vu. Peut-être
Milord ignore même, ou je me trompe fort,
Si mon pere eût un frere : au moins jusqu'à sa
    mort,

Mon oncle tint toujours tout son commerce
    France ;
Mo pere avoit à Londres une correspondance
J faisoit son commerce auprès de l'étranger,
Où Milord ne nous vit que pour nous obliger.

CÉCILE.

Tant mieux. A dire vrai, je suis au fond ravi
Qu'il ignore tout.

DARLEVILLE.

          Bon ! Oh ! Milord, je parie,
N'en diminûroit pas son estime pour moi.
Mais voici votre mere.

SCENE IX.

Les mêmes, Madame DE SAINT-HELMONDE.

Madame DE SAINT-HELMONDE.

          Ah ! je les apperçois !
Embrassez-moi, mon gendre.... et toi, toi ma
    Cécile !
L'amour rend matinal, mes enfans.... Darleville,
            Vous

ous allez.... A propos, Milord n'est point ici ?

DARLEVILLE.

l va venir.

CÉCILE.

Mon pere.... où donc ?

Madame DE SAINT-HELMONDE.

Il est sorti.

CÉCILE.

Sorti ! mais quel sujet ?...

Madame DE SAINT-HELMONDE.

C'est, je crois, cette lettre
u'il a reçue hier.

CÉCILE.

Il eût bien pu remettre.

Madame DE SAINT-HELMONDE.

Oh ! que j'aime Cécile, et son empressement !
Un jour d'hymen !.... Il va rentrer dans un
moment.
Allons tous trois l'attendre au jardin.

CÉCILE, (*l'arrêtant.*)

- Mais, ma mere,
Vous ne savez donc pas ce qui retient mon pere ?

B

Madame de Saint-Helmonde.

Non : curieuse aussi ! .... Dites, mes chers enfans,
Vous attendiez ce jour, et depuis bien long-temps ?

Darleville.

Oh ! moi sur-tout.... Je crois qu'aussi Mademoiselle.....

Madame de Saint-Helmonde.

Si ma fille se tait, ses yeux parlent pour elle.

SCENE X.

Les mêmes, PICARD.

(Il vient annoncer.)

Picard.

Milord.

Madame de Saint-Helmonde.

Faites entrer.

SCENE XI.

Les mêmes, MILORD.

MILORD.

Au moins mille pardons
í je parois si tard ; ici vos postillons.
N'arrivent pas , ils ont des bêtes si rebelles !
Ils m'ont fait voyager pendant deux nuits mor-
telles.
Mais j'oublie enfin tout , puisque je suis ici.

Madame de SAINT-HELMONDE.

Nous sommes bien fâchés , Milord . . . . . mais
grand-merci.

MILORD.

Je desirois beaucoup revoir votre famille :
Depuis près de douze ans ma foi...

Madame de SAINT-HELMONDE.

Voici ma fille ,
Milord.

B 2

MILORD. (*Il la salue.*)

Darleville est fidele historien !
Il m'a de vous écrit toujours beaucoup de
bien :
Quoiqu'amant, ses portraits frappent de res-
semblance ;
Et, si je puis vous dire ici ce que je pense,
Je sens qu'il faut bien être ami de votre amant,
Pour ne pas envier son sort en ce moment.

Madame de SAINT-HELMONDE.

Bon ! vous l'embarrassez !.. Une affaire imprévue
Dérobe à mon mari l'honneur de votre vue :
Il va rentrer, Milord.

DARLEVILLE (*regardant sa montre*).

Il est tard.

Madame de SAINT-HELMONDE.

Oui, vraiment.

DARLEVILLE.

Nos parens à l'autel sont tous en ce moment,
Ne pourrions-nous partir ?

Madame de SAINT-HELMONDE.

Sans mon époux ?

DARLEVILLE.
Peut-être ;
ous attend-il lui-même ?

Madame de SAINT-HELMONDE.

Allons ..... si votre maître,
Picard, rentroit ici, vous nous l'enverriez :

PICARD.

Bon !
MILORD, (à Cécile).

Donnez-moi votre main.

Madame de SAINT-HELMONDE.

(Appercevant un domestique étranger).

Venez..... que me veut-on ?

(Au domestique).

Approchez, mon ami.

LE DOMESTIQUE.

C'est, Madame, une lettre...
De Monsieur votre époux.

B 3

Madame de SAINT-HELMONDE.
(*A Milord*).

Voulez-vous bien permettre!

(*A part.*)

De mon époux !

(*Elle lit*).

CÉCILE, *à part.*

Je tremble !

Madame de SAINT-HELMONDE, *au Domestique.*

Il suffit.... laissez-nous.

(*Il sort*).

___

SCENE XII.

___

Les mêmes, *excepté le Domestique.*

CÉCILE, *à part.*

MA mere s'est troublée en lisant !

Madame de SAINT-HELMONDE, (*troublée, et voyant le trouble de sa fille*).

Qu'avez-vous,

(*A Darleville.*)

Cécile ?.... Et vous aussi ?

CÉCILE, (*de même*).

Mais vous-même, ma mere, vous tremblez !.... est-ce donc le billet de mon pere ?

Madame de SAINT-HELMONDE.

J'ignore, mes enfans, d'où part la trahison :
Ne craignez rien ; le tems vous en fera raison ;
Mais lisez ce billet.

(CÉCILE, *lit*).

« Empêchez votre fille de quitter la maison. Je vais moi-même donner un contre-ordre à tous ceux que nous avions invités. Vous saurez à mon retour les motifs de ce changement ».

DARLEVILLE.

Il sait tout !

CÉCILE.

Darleville !

Qu'ai-je lu !.... c'en est fait !

(*Elle se retire.*)

Madame de SAINT-HELMONDE.

Ciel ! qu'avez-vous, Cécile ?

MILORD.

Mais quel événement ?....

B 4

DARLEVILLE.

Milord, il est affreux'

Madame de SAINT-HELMONDE.

Suivons ma fille.

DARLEVILLE.

Allons ... je vous vois à tous de
Avouer tout.

Madame de SAINT-HELMONDE.

Comment ! vous n'êtes pas coupable ?

DARLEVILLE.

Non, et mon sort peut-être en est plus déplorable !

Fin du premier Acte.

ACTE II.

SCENE PREMIERE.

DARLEVILLE, CÉCILE.

DARLEVILLE.

VOTRE mere sait tout, et m'a tout pardonné;
J'étois à ses genoux, et, d'un front consterné,
Excusez, lui disois-je, excusez moi, madame,
Si j'ai craint de verser nos secrets dans votre
   ame.
Je devois la connoître! . . . Elle m'a fait asseoir :
Puis d'un ton. . . . de ce ton, qu'elle peut seule
   avoir,
Et cachant quelques pleurs qui mouilloient sa
   paupiere :
Pauvres enfans ! toujours je serai votre mere,
A-t-elle dit ; mon cœur est loin de vous trahir!
Hélas ! ce n'est pas moi que vous devez fléchir;
Je vous plains, vous sur-tout d'une faute inca-
   pable,
Vous ne méritiez pas un parent si coupable !

Mais quand le cri public vous poursuit en tous
    lieux,
Vous n'en êtes pas moins estimable à mes yeux !
Ce vain monde à mon cœur parle moins que vos
    larmes :
Un pere.... son silence a doublé mes alarmes.
Ah ! Cécile, ce pere inflexible, inhumain
M'oseroit-il ravir le don de votre main !

CÉCILE.

Si l'accusé succombe, ô mon cher Darleville,
Plus d'espoir.

DARLEVILLE.

  Plus d'espoir ! songez-vous bien, Cécile,
Ce qu'un tel avenir a d'effrayant pour nous ?

CÉCILE.

Si le sang du coupable a rejailli sur vous,
Bannissez tout espoir de votre ame abusée,
Entre nos deux maisons toute chaîne est brisée.

DARLEVILLE.

Ah ! Cécile !

CÉCILE.

  A ma main il faudra renoncer
Pour toujours.

DARLEVILLE.

Pour toujours ! qu'osez vous m'annoncer ?
Perdre Cécile, et sûr de lui rester fidele,
Ou faire un nouveau choix, ou vivre seul sans
     elle !
Jamais.

CÉCILE.

Jamais aussi, je le jure à mon tour,
Mon cœur ne deviendra le prix d'un autre amour;
Mais s'il falloit fléchir sous la main paternelle...

DARLEVILLE.

Si sa voix prononçoit la sentence éternelle....

CÉCILE.

Si par un sacrifice entier.... Ah ! loin de nous
Cette idée... ou du moins quand je suis près de
     vous,
Ne portons pas la mort d'avance dans notre ame.

DARLEVILLE.

La mort !.. oui la mort seule éteindra notre
     flâme.
Mais ne désespérons de rien encor....Ce soir,
Peut-être....

CÉCILE.

Quand viendra l'heure du désespoir ;
Je serai plus tranquille....

DARLEVILLE.

Ah ! cette heure cruelle
N'arrivera jamais. Sous sa garde immortelle
Le ciel tient l'innocent et veille sur ses jours,
Le ciel protégera nos fidelles amours
Cécile, il nous le doit ! mais voici notre mere :
Je vais joindre Milord. (Il sort)

SCENE II.

Madame de SAINT-HELMONDE , CÉCILE,

Madame de SAINT-HELMONDE.

Quoi ! seule ?

CÉCILE.

Eh bien ! mon pere ?

Madame DE SAINT-HELMONDE.

Toujours dehors... J'ai cru ton Darleville ici.

CÉCILE.

Il va chercher Milord.

Madame DE SAINT-HELMONDE.

Oui, Milord est sorti :
Il va solliciter, je crois, pour cette affaire.
Elle est grave !

CÉCILE.

Il y va de l'honneur !

Madame DE SAINT-HELMONDE.

On espere,
Rien n'est encor jugé.

CÉCILE.

D'où mon pere a-t-il su ?

Madame DE SAINT-HELMONDE.

C'est, je crois, ce billet qu'hier il a reçu
Du conseiller Blancer : si jo l'eusse prévus,
j'aurois pu vous sauver leur fatalle entrevue.
Ce maudit homme !

CÉCILE.

Hélas ! oui vous avez raison.
Oui, c'est de ce Blancor que part la trahison.

J'ai cru voir en effet hier quelque nuage
Sur le front de mon pere......Hélas ! mon
mariage !...

Madame DE SAINT-HELMONDE.

Il n'est que différé.

CÉCILE.

J'espere vainement
Si mon pere est instruit de cet événement.

Madame DE SAINT-HELMONDE.

Mais l'accusé n'est pas condamné , ma Cécile.

CÉCILE.

Ille sera peut être aujourd'hui ! ... Darleville,
Et tout finit pour nous !

Madame DE SAINT-HELMONDE.

Ma fille, dans ce cas,
Votre pere attendri.....

CÉCILE.

Vous ne le croyez pas ;
Madame, comme moi, vous connoissez mon
pere ;
Cet homme vertueux, peut-être trop austere,

'a reçu de l'amour que des traits amortis;
ait - on plaindre les maux qu'on n'a jamais
   sentis ?

Madame DE SAINT-HELMONDE, (*appercevant
       Milord, et Darleville*).

uoi ! de retour déja ! . . . nous saurons quelque
   chose.

SCENE III.

mêmes, MILORD, DARLEVILLE.

Madame DE SAINT-HELMONDE.

En bien ?

DARLEVILLE.

Vous me voyez tremblant, tout se dispose
Pour le jugement.

CÉCILE.

Ciel !

DARLEVILLE.

Je v'ens de rencontrer
Milord, comme au palais il alloit pénétrer :

Je le suis ; tout un peuple en obsédoit l'enceinte !
Nous traversons la foule, et j'entends, non sans
  crainte,
Ces mots qui de cent voix ne formoient qu'un seul
  cri :
On ouvre... il va passer... le voici !.. le voici !
Je regarde ; en effet, hélas ! c'étoit lui-même !

CÉCILE.

C'étoit votre parent ?

DARLEVILLE.

                        Dans mon désordre extrême,
Je questionne : « Hélas ! me dit un étranger,
» C'est fait de lui, Monsieur, on va l'interroger ;
» Son âge, sa candeur, malgré moi, m'intéresse ;
» Mais il faut qu'un exemple arrête la jeunesse,
» Il le faut : on le dit d'une honnête maison.
» Je plains les malheureux dont il porte le nom. »
Immobile à ces mots et glacé d'épouvante,
J'ai traîné jusqu'ici ma marche défaillante.

CÉCILE.

Je me meurs !

DARLEVILLE.

Ah ! Cécile !

MILORD.

MILORD.

Eh ! mais, pour le juger,
pour l'absoudre même, il faut l'interroger.
t-ce sur le vain cri de cette populace
u'on va le condamner ou bien lui faire grace ?
Attendez la sentence, espérez jusqu'au bout ;
Et, s'il est innocent, je vous réponds de tout.

DARLEVILLE.

Ah ! Milord !

MILORD, à Cécile.

Vous pleurez ! pourquoi donc ces allarmes ?

CÉCILE.

Plaise au ciel que ces pleurs soient nos dernieres
larmes !

(Elle va pour se retirer.)

MILORD.

Mademoiselle....

DARLEVILLE.

Eh ! quoi ! vous nous quittez ?

C

CÉCILE.

Adi

(A Darleville qui veut la suivre.)

J'ai besoin de repos.... Non, restez en ce lieu.

SCENE IV.

Les mêmes, excepté CÉCILE.

Madame DE SAINT-HELMONDE.

CETTE pauvre Cécile ! elle est hors d'elle-même !

DARLEVILLE.

A-t-elle tort?

MILORD.

  Vraiment très-tort, et vous de même.
Que peuvent les soupirs contre un événement ?
D'ailleurs, tout est-il donc perdu dans ce moment?
Le sang à l'accusé vous lie : il m'intéresse,
Et j'emploîrai pour lui mon crédit, ma richesse :
C'est un malheur, sans doute ! oui, mais ce n'est
   pas vous :
Il est peu, mon ami, de familles chez nous,

Où l'inflexible loi ne frappe une victime ;
Et ce malheur jamais n'affoiblit notre estime.

DARLEVILLE.

Nos mœurs different bien des vôtres.

MILORD.

Je le sai :
Mais Monsieur Saint-Helmondé est un homme
sensé.
Il ne peut refuser pour époux à sa fille
Un homme honnête né d'une honnête famille ,
Où le sang égaré dégénere une fois.

DARLEVILLE.

Hélas ! vous ignorez , Milord , sous quelles loix
Nous accable en ces lieux la coutume cruelle !
L'anglois bien plus heureux s'eleve au-dessus
d'elle !
Ah ! si , pour l'accusé plus avare de sang ,
La loi lui permettoit de paroître innocent ,
Je n'aurois pas du moins à craindre l'infamie !
Mon parent d'un forfait n'a pu souiller sa vie ,
N'en doutez pas, Milord, je le connois trop bien :
Mais seul, que fera-t-il sans conseil, sans soutien?
A ce corps de témoins ligués pour le confondre,
Foible et glacé d'effroi, que pourra-t-il répondre?

C 2

MILORD.

Quelles sont donc vos loix ? Chez nous, peuple
  indulgent,
Dans le coupable même on veut voir l'innocent ;
On veut trouver le crime ici dans l'innocence !
Toute attaque, Monsieur, demande une défense.
Au civil, l'orphelin, protégé par vos loix,
Plaide avec son tuteur qui discute ses droits :
La foiblesse toujours s'y montre avec un guide :
Tandis qu'au criminel, tremblant, foible, timide,
Aux pieds d'un tribunal où siége la rigueur,
Seul, l'accusé défend sa vie et son honneur !
Innocent ou coupable, il doit trembler sans
  doute.
Saura-t-il éclairer le juge qu'il redoute ?
Et d'avance entendant ses terribles décrets,
Chercher de grands moyens à ces grands intérêts ?
Il faut donc qu'un conseil, dont le bras le protége,
Frappe des faux témoins la troupe sacrilége,
Releve son esprit par la crainte attéré,
Dans ses discours conflus cherche un fait égaré,
Et de la vérité déployant la puissance,
Aux piéges du mensonge arrache l'innocence.

  Madame DE SAINT-HELMONDE.

De vos raisons, Milord, on sent bien tout le
  poids ;
Mais le vice est antique ; et nos premieres loix

Vivent comme ces goûts consacrés dès l'enfance:
Il faut du temps, contre eux, la longue résistance.

MILORD.

Dans ses vieilles erreurs que le peuple engagé,
Ainsi que ses tyrans flatte un vil préjugé,
Moi, je ne puis penser, qu'adoptant son système,
Un homme sage, un père immole ce qu'il aime.

Madame DE SAINT-HELMONDE.

Je le voudrois.

MILORD.

Madame, eh ! n'ayez point d'effroi.
Je verrai votre époux ; comptez un peu sur moi :
Et, quelque faux principe enfin qui le retienne,
Un père est toujours foible, et ma cause est la
    sienne.
Le sang et la raison vont parler par ma voix :
On est bien éloquent en défendant leurs droits !
Mais s'il n'écoute rien qu'un usage funeste,
Souvenez - vous tous deux que votre ami vous
    reste.
Adieu, je vais pour vous armer tous mes agens :
Un peu d'or, ici bas, fait marcher bien des gens.
L'or qui souvent au crime a servi de défense,
Dans mes mains aujourd'hui va sauver l'in-
    nocence.

(Il sort.)

SCENE V.

Les mêmes, excepté MILORD.

Madame DE SAINT-HELMONDE.

J'ENTENDS une voiture.... Ah ! bon ! c'est mon
époux
Qui rentre, demeurez.

DARLEVILLE.

Seul avec lui ! sans vous ?

Madame DE SAINT-HELMONDE.

Oui.

DARLEVILLE.

Je me sentirai moins fort en votre absence.

Madame DE SAINT-HELMONDE.

Toujours sur son esprit j'eus fort peu de puis-
sance.
Vous le convaincrez mieux restant seul avec lui.
Je vais voir ma Cécile et calmer son ennui.

SCENE VI.

DARLEVILLE, *seul.*

D'AI-JE à craindre ? Il lui faut, au point où
  sont les choses,
Pour rompre ses sermens de plus puissantes
  causes :
Monsieur de Saint-Helmonde a du sens, de
  l'honneur....
Eh ! l'honneur n'est souvent qu'une cruelle er-
  reur !
Mais si le préjugé plus fort que la nature,
Dans son cœur abusé jette un secret murmure,
Je saurai l'étouffer. Oui, Milord disoit bien :
Un pere est toujours foible .... Allons, ne crai-
  gnons rien.

C 4

SCENE VII.

M. DE SAINT-HELMONDE, DARLEVILLE.

M. DE SAINT-HELMONDE, (*avec froideur.*)

C'EST vous que je cherchois, Monsieur.

DARLEVILLE, (*à part*).

Quel ton sévere !

(*Haut.*)

O vous qu'hier encor, j'osois nommer mon pere,
Vous, qui du nom de fils daignâtes m'apeler,
D'où vient cet accueil sombre et qui me fait trem-
bler ?
Ce changement soudain, cette froideur extrême,
Qui l'a pu causer ?

M. DE SAINT-HELMONDE.

Vous.

DARLEVILLE.

Qui ! moi, Monsieur ?

M. DE SAINT-HELMONDE.

Vous-même :

ous , qui , de l'amour seul écoutant l'intérêt ;
l'oreille d'un pere écartiez un secret
Qui m'eût fait partager la honte de vos proches!

DARLEVILLE.

on silence , il est vrai, mérito vos reproches;
la bouche alloit s'ouvrir , votre fille soudain ,
Monsieur , a fait rentrer mon secret dans mon
          sein.

M. DE SAINT-HELMONDE.

Ainsi , sans un avis , mon épouse , ma fille ;
Son pere malheureux , et toute une famille
S'alloit associer à votre déshonneur !

DARLEVILLE.

Vous oubliez , ici , ce qu'on doit au malheur,
Monsieur , vous m'outragez ..... Quoi que vous
          puissiez faire ,
Je me souviens toujours que vous serez mon
          pere,
Que je suis votre fils.

M. DE SAINT-HELMONDE.

                    C'est une question
Que je soumets au tems, à sa décision.

DARLEVILLE.

Mon pere, (ah ! permettez toujours que Darle-
     ville
Nomme d'un nom si doux le pere de Cécile),
Mon pere, vous savez de quel sang je suis né.
On n'est pas criminel pour être soupçonné :
Mon parent d'un forfait ne peut être coupable ;
Mais fut-il condamné, mais fut-il condamnable,
Sous le fer des bourreaux son front eût-il courbé ;
Dois-je expirer du coup dont un autre est tombé ?
Je sais que l'échafaud où périt la victime
Imprime à tous les siens la honte de son crime ;
Mais ce fléau moral dont gémit la raison,
Cet arrêt de l'usage, en flétrissant leur nom,
Respecte au moins leur vie : au pere de famille
Il laisse encor son fils, à la mere sa fille,
Il laisse à son épouse un époux adoré,
Du soutien de ses jours nul d'eux n'est séparé ;
Et vous voulez m'ôter le soutien de ma vie !
Vous voulez m'arracher une épouse chérie !
N'en doutez-pas, Monsieur, votre fille est à
     moi,
Nos deux cœurs l'un à l'autre ont engagé leur
     foi,
Mon choix s'est appuyé du vœu de sa famille.

M. DE SAINT-HELMONDE.

e choix nous fit honneur ; mais pour avoir ma
    fille,
C'est peu d'être estimable, il faut.....

DARLEVILLE.

                         Etre estimé ?

M. DE SAINT-HELMONDE.

Sans doute ; à voir ainsi, l'homme est accoutumé.
Vous le trouvez injuste ?... Il faut que j'en con-
    vienne
Je le suis à mon tour ; mais ma faute est la
    sienne.
L'homme est injuste ? eh bien ! nous vivons avec
    lui,
Eh! que ferions-nous seuls? il nous faut un appui.
Il en est de nos mœurs ainsi que de l'usage :
Qui les blesse le moins est toujours le plus sage ;
Même on ne peut braver leur pouvoir solemnel,
Sans être aux yeux de tous bizarre ou criminel.
A votre jugement, moi-même j'en apelle :
Quel est l'homme, le pere à l'usage rebelle,
Qui d'une nation osant braver les cris,
Associra son nom aux noms qu'elle a proscrits ?

DARLEVILLE.

Celui qui, condamnant un barbare systême,
Sait voir d'après ses yeux, penser d'après lui-
    même :
Qui, jugeant la personne et non pas le crédit,
Voit l'homme ce qu'il est et non ce qu'on le dit.

M. DE SAINT-HELMONDE.

Oui, ces principes-là sont fort bons en morale !
Mais la comparaison ici n'est point égale.
Le desir tend au bien, le fait est différent.
Le torrent est trop fort ; on cede à son courant.
Il faudroit attaquer le mal dans sa racine,
Et c'est par trop de peine acheter sa ruine ;
Indolence, ou scrupule, on le laisse vieillir :
Mais, je suppose enfin, seul je vais accueillir.
Tel qui du sceau des loix porte l'injuste em-
    preinte ?
Sa honte me parvient sans qu'elle soit éteinte,
Et j'étends une tache au lieu de l'effacer.

DARLEVILLE.

Ah ! si l'homme, en naissant plus instruit à pen-
    ser,
Vouloit se regarder quelquefois dans ses freres,
Combien il frémiroit pour lui de leurs miseres !
Tyrans de mon pays et de l'humanité,

Dans quel jour de démence avez-vous arrêté ;
Que, du pere aux enfans éternisant les peines ;
L'opprobre avec le sang couleroit dans les veines ?
Ainsi, plus la famille aura de rejettons,
Plus l'opprobre à son tour fera rougir de fronts.
Malheur, malheur à vous, ô déplorable mere ;
Que le ciel rend féconde en des jours de colere !
Rivaux par leurs vertus des meilleurs citoyens,
Vos enfans de l'état devenoient les soutiens !
Mais chacun d'eux, hélas ! va périr dans son frere,
Et la faute d'un seul frappe une race entiere !
Delà l'entier oubli de l'honnête et du bien :
Qui n'a rien à risquer, ne doit redouter rien.
L'homme estimable enfin peut se lasser de l'être,
Dès qu'il perd pour jamais le droit de le pa-
       roître.
Ah ! loin de vous, mon pere, un principe odieux
De la société tyran capricieux,
Dont le joug pese ici sur nous et sur les nôtres,
Fléau d'un seul climat rejetté par les autres.

M. DE SAINT-HELMONDE.

Oui, je vois, comme vous, un peuple gémissant
Sous le joug de l'usage : il s'y soumet pourtant.
Il semble respecter ce qu'il ne doit que craindre :
Il s'en plaint ; mais enfin, il se borne à s'en plain-
       dre.
Je trouve, ainsi que vous, cet usage odieux :
Il peut rompre, ou du moins il retarde vos nœuds :

Mais on ne brave point l'opinion cruelle,
Et je ne peux pour vous me mettre au-dessus
    d'elle.
Vous avez entendu quels sont mes sentimens :
Je puis tenir encor tous mes engagemens.
Sauvez votre parent ; rendez-lui l'innocence :
Ma fille de vos soins sera la récompense.

                (*Il sort.*)

        D ARLEVILLE, *seul.*

Allons trouver Milord, et tâchons de savoir
S'il est tems que mon cœur s'ouvre encor à l'es-
    poir.

        Fin du second Acte.

ACTE TROISIEME.

SCENE PREMIERE.

CÉCILE, *seule.*

(Elle s'assied).

TROIS heures! pas encor de réponse! les loix
Contre ce malheureux n'ont, dit-on, qu'une voix!
Oh! des événemens, vains jouets que nous sommes,
Mon sort est à cette heure entre les mains des hommes!
Mes jours tiennent aux jours de cet infortuné,
Et tout finit pour moi dès qu'il est condamné!
Invoquerois-je un pere en faveur de ma flâme?
Mes soupirs impuissans n'iroient point à son ame.
Telle est ma destinée, ou vivre loin de toi
Darleville, ou mourir victime de ma foi!

Pere injuste, frémis, .. frémis de mon courage;
Tu n'as vu jusqu'ici que mon sexe et mon âge:
La foiblesse toujours fit l'abus du pouvoir;
Mais la force du foible est dans son désespoir.
Eh! pourquoi l'accuser? Si je meurs sa victime,
C'est vous, hommes cruels, qui porterez son
 crime,
Mortels inconséquens, qui fîtes entre vous
Des loix dont la rigueur vous peut accabler tous!

   (*Elle se promene*).

Je ne sais; mais le cœur tout plein de noirs
   présages,
Je vois un morne effroi peint sur tous les visages!
Même, depuis une heure, on cherche à m'éviter;
J'interroge, et l'on part presque sans m'écouter...
Ah! suis-je donc déja tout à fait malheureuse!

SCENE II.

CÉCILE, PICARD.

CÉCILE, (*à Picard qui entroit et qui se retire*):

C'EST vous! ne fuyez pas ma plainte doulou-
reuse;

Bon

Bon Picard, approchez.

PICARD.

Mademoiselle, hélas !
Je craignois de troubler. . . .

CÉCILE.

Non , ne le craignez pas ;
Picard , soyez touché de ma peine mortelle,
Et ne me cachez pas la vérité cruelle.
Soyez , mon cher Picard , plus sensible qu'eux
tous :
Dites. . . .

PICARD.

Rien de nouveau n'est venu jusqu'à nous,
Mademoiselle, rien.

CÉCILE.

J'en crois votre parole. . . .
Vous voyez mon bonheur !

PICARD.

Ah ! cela nous désole !
C'est ce que nous disions encor ma femme et
moi,
On ne devroit ici répondre que de soi.
C'est déja bien assez : il faudroit pour bien faire,
N'avoir pas de parens , vivre seul sur la terre ;

D

Mais cela ne se peut : on cherche dans autrui
Un appui qu'on croit ferme, et l'on tombe avec
lui !

CÉCILE.

Quelques instans plus tard.....

PICARD.

Je le disois de même ;
Monsieur ignoroit tout ; mais quel bonheur
extrême
Dans ce malheur du moins qu'on l'en ait averti !
Plus tard vous épousiez....

CÉCILE.

Eh bien donc ?

PICARD.

Ce parti
Vous convenoit sans doute, et sa perte est fâ-
cheuse :
Mais l'honneur, voyez vous, est chose sérieuse ;
On ne plaisante pas sur l'honneur ! je sais bien
Que Monsieur Darleville est un homme de bien,
Un garçon fort rangé, qui vous aime, vous
aime !...
Oh ! pour en bien juger vraiment c'est de lui-
même
Qu'il faut l'entendre !

CÉCILE.

Ah!

PICARD.

Oui, mais ce mauvais sujet,
C'est son parent !

CÉCILE.

Hélas !

PICARD.

C'est dommage en effet !
Mais enfin votre sang et celui de vos proches,
S'est conservé toujours sans tâche, sans re-
    proches ;
Mademoiselle, il faut ménager ce trésor :
Bon renom, comme on dit, vaut mieux que
    beaucoup d'or.
Moi, tenez, je ne suis qu'un pauvre domestique,
Je n'ai rien ; j'ai du moins de l'honneur, je m'en
    pique.

CÉCILE.

Eh ! peut-on renoncer à ce qu'on aime ? hélas !

PICARD.

Cela coûte ! le cœur d'abord ne s'y fait pas ;

Mais quand il faut, il faut.

CÉCILE.

Qu'elle est injurieuse
Cette loi qui flétrit une ame vertueuse!

PICARD.

Pour cela, c'est possible!

CÉCILE.

Eh ! quel mal a donc fait,
! Darleville?

PICARD.

Sans doute.

CÉCILE.

'Avant on l'estimoit;
Des vertus, disoit-on, il étoit le modele,
Sensible.....

PICARD.

Oui, ce n'étoit qu'un cri, Mademoiselle.

CÉCILE.

Dites, en est-il moins aujourd'hui, tout cela ?

PICARD.

C'est bien vrai !

CÉCILE.

Vous l'aimiez ?

PICARD.

Nous l'aimions tous déja !

CÉCILE.

Si vous saviez, Picard, avec quelle tendresse
Il vous chérissoit, vous !

PICARD.

O ma jeune maîtresse,
Vraiment?... il est si bon ?

CÉCILE.

Et moi, mon cher Picard,
Je me donnois à lui quelques heures plus tard,
A ses douces vertus j'allois me voir unie....
Pour le crime d'un autre, hélas ! je suis punie !

PICARD.

Oui, voyez l'injustice !

D 3

CÉCILE.

'Et, mon pere aujourd'hui !...'
Hier même, il montroit tant d'estime pour lui !

PICARD.

Oh ! c'est mal !

CÉCILE.

Pouvez-vous me rendre un bon office ?

PICARD.

Ah ! parlez : tout mon sang est à votre service.

CÉCILE.

De mon trouble mortel sauvez-moi mon ami :
Ah ! tant qu'il durera, je ne vis qu'à demi !
Oui, leur pitié me cache une triste nouvelle :
L'affreuse vérité me sera moins cruelle !
Informez-vous du sort de cet infortuné,
Quel est son jugement ; et s'il est condamné :
S'il l'est ; transportez-vous sur le lieu du sup-
        plice,
Demeurez-y, Picard ; et lorsque la justice
Déploîra devant vous son sanglant étendard...
Lorsque le criminel... Enfin, mon cher Picard,
Quand pour lui vous verrez qu'il n'est aucune
        grace,
Revenez... je saurai ce qu'il faut que je fasse

Pour supporter alors ou vaincre mon malheur!
Allez.

PICARD.

J'y cours.

SCENE III.

CÉCILE, *seule.*

Eh quoi ! cette funeste erreur ;
Ce préjugé cruel appesantit sa chaîne
Sur ces êtres qu'ici nous regardons à peine ,
Et dont, par une erreur non moins cruelle encor
Nous croyons acquitter la tendresse à prix d'or.
Mais le sang dans leurs cœurs réveill son
      murmure ,
La nature chez eux est toujours la nature ;
Son droit qu'ils oublioient est bientôt reconnu;
Cet honnête Picard , comme il est revenu !
Ah ! que ne pouvez-vous , abjurant tout système ,
Voir comme lui, mon pere, et revenir de même !

D 4

SCENE IV.

Madame de SAINT-HELMONDE, CÉCILE.

Madame de SAINT-HELMONDE, (*Sans voir Cécile.*)

O malheureux jeune homme!

CÉCILE.

Ah! c'en est fait, hélas!

Madame de SAINT-HELMONDE.

Que dites-vous, Cécile?

CÉCILE.

Ah! ne me trompez pas :
Un regard a tout dit à ma douleur amère,
Je sais tout.

Madame de SAINT-HELMONDE, (*Avec peine.*)

La sentence est portée.

CÉCILE.

O ma mere!

(*A part.*)　　　　　　　(*Haut.*)

J'ai donc reçu la mienne!..... Au moins , quel
　　　　est son sort ?

Ne me déguisez rien : quelle peine? ,

　　Madame de SAINT-HELMONDE.

　　　　　　　　　　　　　　La mort.

　　　　CÉCILE.

Ah!

　　Madame de SAINT-HELMONDE.

Ce cruel arrêt ne fait que de se rendre ,
Et par le cri public on va bientôt l'apprendre.

　　　　CÉCILE.

Pauvre Darleville !

　　Madame de SAINT-HELMONDE.

　　　　　　　Oui : tous pourtant aujourd'hui
Le déclarent coupable.

　　　　CÉCILE.

　　　　　　　Et qui, coupable? lui !

　　Madame de SAINT-HELMONDE.

Ne me parlois-tu pas du malheureux, Cécile,
Dont la mort . . . . .

　　　　CÉCILE.

Je parlois d'un autre Darleville

Bien plus cher à mon cœur, et non moins malheureux !

Madame de SAINT-HELMONDE.

Mon enfant !

CÉCILE.

Que fait-il en ces momens affreux ?
S'il pouvoit ignorer . . . . .

Madame de SAINT-HELMONDE.

Le mal se sait trop vîte !
Avec Milord peut-être encore il sollicite.

CÉCILE.

Soins superflus !

Madame de SAINT-HELMONDE.

Hélas !

CÉCILE.

Eh! mon pere aujourd'hui,
Va rentrer furieux : il fut maître de lui
Tant qu'a duré l'espoir; mais à présent, ma mere,
Je vois tomber sur moi le poids de sa colere !

Madame DE SAINT-HELMONDE.

Il seroit trop injuste...

CÉCILE.

Eh ! l'excès l'est toujours !
va porter l'arrêt de mon cœur, de mes jours !
Je l'entends : « Ne pensez jamais à Darleville,
» Dira-t-il, étouffez une flâme inutile. »
Hélas ! n'y plus penser !

Madame DE SAINT-HELMONDE.

Vainement je voudrois
Te peindre l'avenir sous de plus heureux traits,
Ma fille ; si tes pleurs ne trouvent plus de pere,
Tiens, tombe dans mes bras, il te reste ta mere.

CÉCILE.

Si mes pleurs du cruel ne sont point entendus....
La mort.

Madame DE SAINT-HELMONDE.

Que dites-vous? vous ne m'aimez donc plus
Cécile ?

CÉCILE.

Ah ! pardonnez !

Madame DE SAINT-HELMONDE.

Cécile !

CÉCILE.

Je m'égare
Puis-je voir sans frémir l'instant qui nous sépare
Darleville!

Madame DE SAINT-HELMONDE.

Pourrois-je encor vivre sans toi?
Non, tu ne mourras pas, non, tu vivras pour moi
Pour ta mere qui t'aime; ah! Cécile, ah!
fille,
Viens, mon unique espoir, mon trésor,
famille,
Dans ce sein maternel, viens porter tes douleurs
Viens, je veux partager, je veux sécher tes pl
Vas, les infortunés dont on plaint les alarmes,
Crois-moi, trouvent encor du plaisir dans le
larmes.

CÉCILE, (appercevant Darleville.)

Ah!

SCENE V.

Les précédens, DARLEVILLE.

Vous avez tout su?

Madame DE SAINT-HELMONDE.

Tout, hélas !

DARLEVILLE.

Condamné :
ientôt aux yeux de tous sur l'échafaud traîné !
une foule qui frappe une famille entiere
on siecle est donc souillé !

Madame DE SAINT-HELMONDE.

Ce n'est pas la derniere,

DARLEVILLE.

ortuné jeune homme ! il pleuroit sur les siens!
étoit moins touché de ses maux que des miens!

CÉCILE.

ous l'avez vu?

DARLEVILLE.

Mon cœur lui pardonne sans pei
Les affronts, les malheurs où sa mort no
    entraîne ;
Pour moi, je ne ferai que mourir ; mais, hélas
Lui, dans la coupe amère où l'on boit le trépas
Il épuise à longs traits une honte éternelle,
Et l'outrage d'un peuple et sa pitié cruelle.

Madame DE SAINT-HELMONDE.

Comment avez-vous pu pénétrer jusqu'à lui ?

DARLEVILLE.

L'infortuné qui meurt peut chercher dans au
A des maux sans remede un conseil inutile,
Il obtient de la loi cette faveur stérile :
Il peut entretenir, du moins avant sa mort,
Ceux dont il croit le cœur attendri sur son sort.
Qu'ils sont courts ces momens de douloureu
    joie,
Le supplice bientôt va ressaisir sa proie !

Madame DE SAINT-HELMONDE.

Il vous a demandé ?

DARLEVILLE.

J'étois à peine entré,
Qu'il tombe à mes genoux : là, d'un ton pénétré
Et remettant au ciel le soin de sa vengeance,

Il m'a, devant son Dieu, juré son innocence.
« De votre hymen, dit-il, j'éteins donc le
      flambeau ?
» Ce bruit a pénétré jusque dans mon tombeau :
» Mais avant de mourir, ma bouche vous le jure,
» J'offre au ciel qui m'entend une victime pure :
» J'ai voulu vous l'apprendre, et vous montrer
      de plus,
» Dans ce monde pervers le danger des vertus. »
Sa voix s'est arrêtée ; un mouvement de rage
D'une rougeur subite a couvert son visage :
Puis, d'un calme contraint, d'un esprit plus remis,
« Je meurs, et je pardonne à mes vils ennemis,
» M'a-t-il dit ; l'innocent va donc périr
      coupable !
» Le tems dira le crime et la main qui m'accable;
» Car le tems nous dit tout : du malheureux, hélas!
» On plaindra la mémoire ! .... il ne l'entendra
      pas !
» Apprenez cependant mon crime et ma défense:
» Non loin d'une forêt, à très-peu de distance
» D'ici, je revenois ; le jour vers son déclin ;
» Je laissois, pour charmer l'ennui dans le chemin,
» Mes yeux et mes pensers errer à l'aventure
» Sur ces plans variés qu'étale la nature :
» Je jouissois des prés, des vallons et des bois,
» Doux tableaux que j'ai vus pour la derniere
      fois !

» Soudain , de l'épaisseur une voix élancée,

» Attire mes regards, mes pas et ma pensée ;

» Un cri plaintif et sourd prolongé jusqu'à moi,

» Excite en même tems ma pitié , mon effroi ;

» Vers l'épaisseur du bois tantôt mon cœur
    m'entraîne ;

» Sur la route tantôt la crainte me ramene ;

» Mon cœur l'emporte enfin, je cede à la pitié ;

» Je m'avance, je vois.... Dieu ! dans son sang
    noyé

» Un malheureux , luttant contre une mort
    prochaine,

» Le couteau dans le flanc frémissoit sur l'arène;

» Et, d'un bras à la fois et foible et courageux,

» Avec peine il tiroit ce couteau douloureux....

» Je veux l'aider, ma main tremblante , épou-
    vantée,

» Retire de son sein la lame ensanglantée....

» Trois monstres que l'enfer vomit en ce moment

» Surprennent dans ma main le fatal instrument,

» M'accusent; par mes cris vainement je proteste,

» On me traîne en prison , et vous savez le reste. »

Madame DE SAINT-HELMONDE.

O des événemens inexplicable loi !

CÉCILE.

Qui de nous juste ou non ne doit trembler pour
    soi !

Mais

Mais je revois Milord.

DARLEVILLE.

Ah ! qu'allons-nous apprendre ?

SCENE VI.

Les mêmes, MILORD.

MILORD.

Votre père m'envoie ici ; je vais l'attendre :
Je dois l'entretenir ; il rentre sur mes pas.

(*A Darleville.*)

Vous, si vous m'en croyez, vous ne resterez pas.

DARLEVILLE.

Pourquoi donc ?

MILORD.

Ce moment me semble un peu contraire ;
Votre présence ici pourroit ne lui pas plaire.

E

DARLEVILLE.

Nous nous sommes tous deux expliqués ce matin;
Je puis rester.

MILORD.

Tant mieux.

Madame DE SAINT-HELMONDE.

Mais dans votre chemin
Vous l'avez donc trouvé?

MILORD, (bas à Darleville.)

Près d'ici. . . . . Darleville,
Vous savez tous?. . . .

DARLEVILLE.

Hélas!

MILORD, (haut.)

Il est donc inutile
De vouloir vous cacher la triste vérité.

CÉCILE, (avec effroi.)

Il est mort?

MILORD.

Non, le coup n'est pas encor porté.
Vos juges sont ici presque tous inflexibles :
Dès qu'on rappelle l'homme à ces cœurs in-
    sensibles,
Ils n'ont tous contre vous qu'un même cri : la loi!
Quelle loi !.... mais tous deux bannissez votre
    effroi.
L'espoir n'est pas encor perdu, Mademoiselle.
Je les ai vus : malgré la rigueur de leur zele,
Ils ont à ma priere et d'un commun avis,
A l'exécution jusqu'à ce soir sursis.
Elle étoit arrêtée à cinq heures précises,
On la remet à dix.

DARLEVILLE.

Inutiles remises !

MILORD.

Eh bien! si votre pere, en proie à ses erreurs,
Veut rompre vos liens, veut séparer vos cœurs,
S'il ne prête à ma voix qu'une oreille rebelle,
Je saurai vous sauver encor, Mademoiselle ;
Oui, vous serez unis, malgré lui, tous les deux :
Oui, vous m'êtes trop chers pour n'être pas
    heureux !

Écoutez, vous Madame, et vous couple estimale ;
J'ai près de Londre un bien assez considérable ,
Un bien de mes aïeux : retirés et charmans,
Les environs sont faits pour plaire à deux amans.
Dans vos tristes climats, les erreurs consacrées,
N'approchent jamais ces heureuses contrées.
L'habitant, loin des cours et des cœurs corrompus,
Y cultive en repos ses fruits et ses vertus.
Cette terre est à vous : Darleville, Cécile,
Madame, tous les trois venez dans cet asyle.
Vous pourrez aussi-tôt y serrer vos liens :
Les bons cœurs sont heureux chez mes conci-
       toyens.
Nos loix n'abrogent point celles de la nature.
Acceptez-vous mon offre ?

CÉCILE.

           Ah ! que cette peinture
De l'avenir heureux que vous nous présentez ,
Est dangereuse et chere à des cœurs tourmentés !
Milord, si vos Anglais sont tous ce que vous êtes,
Qu'il est doux d'être au rang des heureux que
       vous faites !
Mais....

DARLEVILLE.

    Que décidez-vous ?

CÉCILE.

    Ce que me dit mon cœur.

DARLÉVILLE.

Cécile, songez bien qu'il s'agit du bonheur !

CÉCILE.

Oui ; mais je songe aussi qu'il s'agit de ma mere.

DARLÉVILLE.

Vous allez....

CÉCILE.

Faire ici tout ce que je dois faire.
Vous ouvrez un asyle à deux cœurs malheureux,
Milord , votre bonté légitime leurs feux ;
Et je puis aisément, je le sais, de mon pere,
Braver sur vos foyers l'impuissante colere :
C'est beaucoup pour l'amour, c'est peu pour le
          bonheur.
Donnez - moi quelqu'asyle où j'échappe à mon
          cœur ,
Où j'échappe à la honte, où mon ame éplorée
D'un remords renaissant ne soit pas dévorée.
Vous voulez me tenir lieu de pere?... Eh ! Milord,
Serois-je digne hélas ! d'en trouver un encor,
Après avoir quitté, fille ingrate et parjure,
Celui qu'en ces bienfaits m'a donné la nature. ?

DARLÉVILLE.

Eh quoi ! notre bonheur !...

E 3

CÉCILE.

Je n'en espere pas.

MILORD

Votre pere bientôt va marquer tous vos pas :
Si son ordre cruel rompt votre mariage ? ....

CÉCILE.

J'ai quelque fermeté ; j'en saurai faire usage.

MILORD.

Que ferez-vous ? un jour peut-être il vous faudra
Serrer de nouveaux nœuds dont ce cœur gémira :
Flottant entre l'amour et l'estime publique,
Vous allez épouser un honneur chimérique.

CÉCILE.

Ne craignez rien, Milord : Darleville a ma foi :
Ma main ne peut jamais dépendre que de moi.
Je vois ce qui m'attend : je serai malheureuse ;
Mais quoi que vous pensiez , je mourrai ver-
tueuse.

Madame DE SAINT-HELMONDE.

(A Milord.)

C'est mon mari, sortons. Vous restez avec lui ?
Nous espérons.......

SCENE VII.

Les mêmes, M. DE SAINT-HELMONDE.

M. DE SAINT-HELMONDE, (*à Darville l'arrêtant.*)

MONSIEUR, vous sentez qu'aujourd'hui,
Je ne peux du même œil voir ici vos visites.
J'applaudis pour ma fille au choix que vous en
    fîtes :
je l'approuvai, j'y vis le bonheur pour tous deux ;
Mais la fatalité brise à jamais ces nœuds :
Il n'y faut plus penser, je vous plains ; mais,
    Cécile,
Mon sang ne peut s'unir au sang de Darleville.
De l'honneur, je le sais, c'est une dure loi !
J'en gémis le premier, je la suis malgré moi.

DARLEVILLE.

Monsieur.....

Madame de SAINT-HELMONDE, (*l'interrompant.*)

Laissons Milord ; sortons.

MILORD, (*à Darleville.*)

        Laissez-moi faire.
      (*Ils s'en vont.*)
        E 4

SCENE VIII.

M. DE SAINT-HELMONDE, MILORD.

MILORD.

OUBLIEZ-VOUS, Monsieur, que vous êtes
leur pere,
Et pourrez-vous briser l'ouvrage de vos mains?

M. DE SAINT-HELMONDE.

Nos usages, Milord, vous semblent inhumains,
Et nos loix; je le sais, diffèrent bien des vôtres :
Si vous étiez françois, sans approuver les nôtres,
Vous les respecteriez; vous feriez comme moi.

MILORD.

Comme vous! je ne sais pour vous aucune loi,
Aucun devoir, Monsieur, que celui d'être pere.

M. DE SAINT-HELMONDE.

Et c'est pour en remplir l'auguste caractere,
Que je dois, de ma fille assurant le bonheur,
L'éloigner de ces nœuds réprouvés par l'honneur.

MILORD.

L'honneur ! il n'en est qu'un chez nous , le vé-
    ritable ,
Qui naît de la vertu , source bien respectable !
Qui ne se transmet point, que soi-même on
    acquiert ,
Et que soi-même aussi, l'on ternit ou l'on perd.

M. DE SAINT-HELMONDE.

Cet honneur-là, Milord, existe chez les nôtres;
Mais quoique personnel , il se transmet aux
    autres.
De l'oprobre à son tour le soufle meurtrier.
Dans le membre qu'il frappe attaque un corps
    entier.

MILORD.

Et c'est ici le terme où l'équité s'arrête.
La gloire est à l'auteur d'une action honnête ;
La honte au criminel : tous deux ont seulement
Droit à la récompense ou droit au châtiment.
Vertueux, nous portons les crimes de nos freres :
L'un pour l'autre ici bas, naissons - nous soli-
    daires ?

M. DE SAINT-HELMONDE.

A - peu - près. Mais enfin cette solidité
Resserre le lien de la société.

Ce partage d'honneurs est le nœud politique
Qui lie un citoyen à la chose publique.
Sous un titre commun les membres séparés,
Sont au nom de l'honneur unis et resserrés.
Tous veulent illustrer le nom qui les rallie,
Le voir passer sans tache, et ce désir les lie ;
Tout le corps sur un membre a l'œil sans cesse
   ouvert ;
Un bras toujours levé, l'arrête s'il se perd,
L'effraie au nom des siens des suites de son crime,
Et tout prêt d'y tomber le retient sur l'abîme.

MILORD.

Quel ignorance ! ô ciel ! de soi-même et d'au-
   trui !
Eh ! quoi ! le scélérat bravant la mort pour lui,
Sentira-t-il soudain, au seul cri de ses freres,
Son poignard échapper à ses mains meurtrieres ?
Un affreux préjugé chez vos concitoyens
Frappe tout, la personne et quelquefois les biens,
Flétrit tout, sans respect pour le sexe et pour
   l'âge ;
Que deviendra l'objet de son aveugle rage ?
Etranger malheureux au sein de son pays,
En horreur aux humains, chargé de leur mépris,
Environé par-tout, et par-tout solitaire,
Portant dans tous ses traits la tache héréditaire,
Sans secours, sans appui dans ce triste abandon,
Il va s'associer à ces hommes sans nom,

ui , perdus comme lui pour la publique estime,
eulent justifier ce mépris par un crime.

M. DE SAINT-HELMONDE.

Chaque institution, Milord, a ses abus,
Et celle-ci peut-être en présente encor plus;
Mais la loi. . . . .

MILORD, (*vivement.*)

     Mais la loi ! quoi! la contume impie
Qui dévoue en naissant l'homme à l'ignominie,
Qui fait d'un peuple entier un peuple de pros-
    crits. . . .
Non, ce n'est-là, Monsieur, la loi d'aucun pays,
Nation, de vertus, de gloire environnée,
Vois-tu dans tes enfans ta splendeur profanée!
Citoyens vertueux , nés d'un coupable sang
Fuyez : homme de bien , abandonne ce rang
Où tes veilles toujours ont servi ta patrie ,
Artistes, étouffez ces accens du génie ,
Brisez ces monumens que vos mains ont formés,
Vos grands noms après vous , vont vivre dif-
    famés :
Toi , modeste beauté par le ciel destinée
A devenir épouse et mere fortunée,
Tu cultivois en vain tes vertus et ton cœur !
Et toi vieillard, des tiens le modele et l'honneur,
Soixante ans de vertus ont marqué ta carriere;

Et l'opprobre déjà s'attache à ta poussiere !
Talens, beauté, vertus, droits reconnus par-
tout,
Devant le préjugé tout s'évanouit, tout.

M. DE SAINT-HELMONDE.

Milord.....

MILORD.

Encore un mot : quelle illustre carriere
Votre France en ce jour ouvre à l'Europe
entiere !
De dix siecles d'erreurs expiant les travers,
Reine long-tems esclave, elle a brisé ses fers,
Ses sages défenseurs, qu'un zele pur excite,
D'une famille immense auguste et noble élite
Sur leur antique trône attaquent les abus,
Et leur regne fait place à celui des vertus.
Un seul subsiste encor : sous un prince équitable,
Vous allez voir cesser ce fléau redontable !
Hâtez ou prévenez cet heureux changement;
Donnez-nous le signal d'un grand événement;
Soyez anglois; offrez cette leçon utile
A vos concitoyens : montrez leur Darleville;
Et fort du droit que donne une bonne action,
Dites : voilà l'objet de ton aversion,
P e t j injuste, il sera l'amour de ma Cécile;
Tu proscris ce jeune homme, et je suis son asyle;

Mes bras lui sont ouverts contre ton vain mé-
   pris;
Nous serons tous heureux sans entendre tes cris :
Tu m'as voué toujours une estime sincere,
Je deviens son appui, son protecteur, son père :
Venez, venez, ma fille, et vous, séchez vos
   pleurs,
Mon gendre, dans mes bras défiez ses fureurs ;
Sans doute ce n'est plus la vertu qu'on estime,
Puisque ce peuple en vous la punit comme un
   crime.

M. DE SAINT-HELMONDE.

Milord, cet héroïsme est au-dessus de moi.
Raison ou préjugé, j'obéis à la loi.
Oui, si l'accusé meurt, tout soin est inutile ;
Ma fille ne sera jamais à Darleville.

(*Il sort.*)

MILORD, *seul.*

Ah ! malheureux ! ce jour à l'hymen destiné
Seroit-il de vos jours le plus infortuné !

ACTE QUATRIEME.

SCENE PREMIERE.

MILORD, LISETTE.

LISETTE.

IL est sorti, Milord, je crois pour peu de tems.

MILORD.

Bon !... sa fille est ici? dites que je l'attends.

LISETTE.

J'y cours, Milord.

SCENE II.

MILORD, *seul.* (*un billet à la main.*)

Mes gens sont à la découverte,
Rien n'arrive pourtant, et cela déconcerte
L'espoir qui me restoit : encor quelque retard,
Et tous ceux que j'attends arriveront trop tard !
Bridgt, mon valet-de-chambre, agent sûr et fidele,
Veille sur eux, les guide et répond de leur zele ;
Comme l'argent ici met tout en mouvement.
Cachons-lui ce billet jusqu'au dernier moment :
Puisse-t-il dans mes mains devenir inutile !
Mais c'est elle !

SCENE III.

MILORD, CÉCILE.

MILORD.

Vos yeux, malheureuse Cécile,
Doivent tarir enfin ces pleurs infructueux.
Eh ! que peuvent des pleurs en ces momens
affreux ?
L'homme dans ces chagrins ne doit trouver des
larmes,
Qu'autant que de l'espoir il goûte encor les
charmes.
Il n'en est plus pour vous.

CÉCILE.

Dieu !

MILORD.

J'ai vu sous mes yeux
Déployer des tourmens l'appareil odieux.
Une heure encor peut-être et l'innocent expire !
Son juge....

MILORD.

MILORD.

Il obéit à la loi qui l'inspire :
Les dépositions et la loi sont pour lui.
Mais vous pouvez encor être heureuse au-
jourd'hui ;
Vous avez entendu mes offres ? Ah ! Cécile,
Si vous les rejettez, oubliez Darleville,
Il n'existera plus pour vous.

CÉCILE.

Qu'ai-je entendu !
Cruel ami !

MILORD.

Songez qu'un seul instant perdu
Va décider du sort de votre vie entiere,
Qu'il met entre vous deux une affreuse barriere,
Qu'il ne sera plus tems de faire un choix demain ;
Songez.....

CÉCILE.

J'ai tout prévu, sans changer de dessein.
Je ne peux fuir ces lieux sans fuir aussi ma mere ;
Et tout cruel qu'il est, j'aime encore mon pere.
J'ai tout pesé, Milord, mon devoir, mon amour :
Je les saurai tous deux accorder en ce jour.

B

Tous deux veulent sans doute un bien grand
sacrifice ;
Mais si le ciel l'ordonne, il faut qu'il s'accom-
plisse.

MILORD.

Puisque l'amour si foible en empruntant ma voix
Ne sauroit vous fléchir, pour la dernière fois
Revoyez votre amant, daignez l'entendre encore.

CÉCILE.

Mais,....

MILORD.

C'est cette faveur que son billet implore.

CÉCILE.

Il m'écrit !

MILORD. (*Il lui remet le billet qu'elle lit.*)

Dès ce soir, il se rendra chez vous.

CÉCILE.

O ciel !

MILORD.

Quant aux dangers, il les a prévus tous.
(*Après qu'elle a lu.*)

Vous allez voir.... Eh bien ?

CÉCILE.

S'il n'est plus d'espérance....?

MILORD.

Aucune.

CÉCILE.

Si ce jour voit périr l'innocence....

MILORD.

Parlez.

CÉCILE.

Mais quoi! mon pere a-t-il juré ma mort?

MILORD.

N'espérez rien.

CÉCILE.

Eh bien ! je dois remplir mon sort....
Dites.... qu'il peut venir : il jugera lui-même,
Si je dois fuir ces lieux, et sur-tout si je l'aime.

(*Elle sort.*)

F a

SCENE IV.

MILORD, *seul.*

Bon ! donnez-vous ainsi bien du mal auprès
d'eux,
Les gens obstinément refusent d'être heureux !

SCENE V.

MILORD, M. DE SAINTHELMONDE.

M. DE SAINT-HELMONDE.

On vous laisse ici seul ?

MILORD.

J'ai vu votre Cécile ;
Elle sort à l'instant ; son front est plus tranquille ;

Mais l'orage, je crois, a passé dans son cœur ;
Le calme qu'elle montre est un calme trompeur.
Les préjugés cruels qui vous peuvent séduire
Vous coûteront bien cher ! j'ai voulu les détruire ;
Plus forts que la raison, ils en ont triomphé :
Songez au cri du sang qu'ils n'ont point étouffé.
L'intérêt de ce sang, le vôtre vous en presse.
Rappelez, réveillez toute votre tendresse :
Songez que votre fille en proie au désespoir,
Vous peut faire à jamais pleurer votre pouvoir :
Aux cœurs désespérés la vie est un supplice ;
Des jours remplis de deuil plaint-on le sacrifice ?
On l'achève avec joie.... Ah ! craignez ces instans !
Conservez-vous ses jours tandis qu'il en est tems ;
Tremblez, malheureux père ; un seul moment
              peut-être,
Vous voudrez les sauver ; vous n'en serez plus
       maître.

M. DE SAINT-HELMONDE.

Non, je connois ma fille, et sait ce qu'elle sent :
Ainsi que tous ses vœux son cœur est innocent.
Je crains bien moins sa mort que sa douleur
       profonde :
Je voudrois l'épargner ; mais contre tout le
       monde,
Seul, que puis-je, Milord ? Ce jour m'éclaire assez.
Près de moi vingt amis à toute heure empressés

F 3

De mille soins rivaux accueilloient ma présence;
Le bruit de cet hymen les a glacés d'avance.
Ils m'ont vu presque tous, polis dans leur froideur,
Les uns avec bonté, d'autres avec grandeur;
Quelques-uns d'eux déja m'ont fait fermer la
   porte.

MILORD.

Et vous nommez amis des gens de cette sorte !

M. DE SAINT-HELMONDE.

Je l'ai cru jusqu'ici : le moment du malheur,
Peut-être un peu tardif, a guéri mon erreur.

SCENE VI.

Les mêmes, LISETTE.

M. DE SAINT-HELMONDE, (à Lisette.)

Que voulez-vous ?

LISETTE. (Elle annonce.)

Monsieur Dartigny.

MILORD.

       Je vous quitte.

M. de SAINT-HELMONDE.

(A Lisette.)

Vous pouvez demeurer. . . . Qu'il entre. . . . Sa
visite
M'étonne. . . . Il est syndic et membre de mon
corps ,
De plus mon ennemi.

MILORD, (à part, avec impatience.)

Bon ! de nouveaux efforts
Contre nos intérêts !

SCENE VII.

Les mêmes, M. DARTIGNY.

M. DARTIGNY.

Je viens, mon cher confrere,
Remplir avec douleur un fâcheux ministere.
Ces Messieurs n'ont pas vu, (je rends leur
sentiment)
Les nœuds que vous formez avec contentement ;

F 4

Et je viens, apportant leurs volontés instantes ,
A regret, en leur nom, demander vos patentes,
Et la démission.....

M. DE SAINT-HELMONDE, *vivement*.

De ma charge, Monsieur !
J'accepte : mais je veux détruire votre erreur.
Ces nœuds dont ces Messieurs ont l'ame encor
blessée ,
Dont la vôtre de même est sans doute offensée...

M. DARTIGNY.

Je parle pour leur compte.

M. DE SAINT-HELMONDE.

Et pour mon compte, aussi,
Je vous réponds. Ces nœuds qui font votre souci,
Ces nœuds presque formés que l'amour autorise,
Que la raison défend , pour jamais je les brise.

M. DARTIGNY.

Mais ce matin, dit-on....

M. DE SAINT-HELMONDE.

Arrêtés ce matin ,
Ils sont rompus ce soir. Sur un bruit incertain

La prudence, Monsieur, défend que l'on prononce.

M. DARTIGNY.

Dans ce cas. . . . .

M. DE SAINT-HELMONDE.

Dans ce cas, vous savez ma réponse.

MILORD.

Et, quand tout seroit dit; quand ces nœuds, par
malheur,
Seroient formés; Monsieur vous fait-il moins
honneur;
Ou, dans ses fonctions est-il donc moins habile,
Et son travail pour vous cesse-t-il d'être utile?

M. DARTIGNY.

Oh ! nous ne sommes pas à Londre ici, Monsieur.

MILORD.

Je le vois bien, Monsieur.

M. DARTIGNY.

Nous avons un honneur . . .

MILORD.

Bien différent du nôtre.

M. DARTIGNY.

Oui : sans qu'on en rougisse,
A Londre on voit conduire un des siens au
suplice,
Je le sais comme vous.

MILORD.

C'est qu'à Londre jamais

On ne rougit ,'Monsieur, que de ses fautes ;
mais
C'est, je m'en apperçois, ici tout le contraire.

M. DE SAINT-HELMONDE.

C'est, Monsieur Dartigny, tout votre ministere :
Vous pouvez retourner ; j'enverrai sans délais
Mes patentes.   (Il sort.)

SCENE VIII.

M. DE SAINT-HELMONDE , MILORD.

M. DE SAINT-HELMONDE.

Ceci, Milord, fait des progrès !
Vous le voyez.

MILORD.

Encore une heure ou deux, je gage,
Vos bons amis d'un jour vont tous plier bagage :
Vous n'en sauverez point de la contagion.
Quel vaste champ, Monsieur, pour la réflexion !

M. DE SAINT-HELMONDE.

Les hommes !

MILORD.

L'infortune est le creuset du sage ;
C'est là qu'il juge à fond les cœurs : que d'al-
lliage !
Adieu, vous ignorez encor dans votre erreur,
Ce que ces faux amis vous coûtent de bonheur !
Avant la fin du jour, vous l'apprendrez peut-
être.
Adieu, Monsieur.

SCENE IX.

M. DE SAINT-HELMONDE, seul.

MILORD s'abuse ; il croit connoître
Ma fille mieux que moi : ses pleurs l'ont effrayé,
Et son effroi s'augmente encor de sa pitié !...

Voici l'instant fatal, l'heure de la justice !
Tout le peuple à grands cris demande le sup-
   plice :
Le nom de Darleville, autrefois respecté,
Le nom de Darleville, aujourd'hui détesté
Vole de bouche en bouche, et l'horreur popu-
   laire
Va verser sur ce nom une honte exemplaire !
Et j'unirois mon sang !.. Non... En vain la raison
M'ordonne de fermer l'accès de ma maison
Au jeune Darleville ; et la fille, et la mere,
Et mes gens, tout seroit pour lui contre le pere,
Ils sauroient éluder ma défense et mes soins ;
Ils se verroient toujours... Je le craindrois du
   moins :
J'ai dû prévenir tout ; ce moyen-là me coûte ;
Mais pour les désunir, c'est le seul ; je redoute
L'instant, l'instant cruel qui va nous séparer !
Et l'embarras encore est de l'y préparer.

   (*Il appelle.*)

Allons. . . . . Picard.

SCENE X.

M. DE SAINT-HELMONDE, LISETTE.

LISETTE, (arrivant.)

MONSIEUR?

M. DE SAINT-HELMONDE.

C'est Picard que j'appelle.

LISETTE.

Il est sorti.

M. DE SAINT-HELMONDE.

Pour qui?

LISETTE.

C'est... pour Mademoiselle.

M. DE SAINT-HELMONDE,

Bon!... Qu'elle vienne ici.

SCENE XI.

M. DE SAINT-HELMONDE, *seul.*

PARLONS avec douceur.
Tâchons de la convaincre en ménageant son
cœur.

(*A Cécile.*)

Mais c'est elle!......Assieds-toi là, tout près
de ton père.

CÉCILE. (*Assise.*)

Hélas!

M. DE SAINT-HELMONDE.

Nous gémissons tous deux ; le sort contraire,
Le sort, ma chere enfant, me punit aujourd'hui,
D'avoir osé lutter quarante ans contre lui.
Sans la félicité, qu'est-ce que la richesse?
Ton bonheur auroit fait celui de ma vieillesse :
Ton Darleville et toi vous croissiez sous mes
yeux ;
Je voulois vous unir, le ciel trompe mes vœux !

CÉCILE.

Mon pere, il est donc vrai qu'il n'est plus d'espérance?

M. DE SAINT-HELMONDE.

Ma fille, il faut ici vous armer de constance.
Le sacrifice est grand !

CÉCILE.

Dites, plus fort que moi !

M. DE SAINT-HELMONDE.

Va, le tems guérit tout, espere et calme toi.

CÉCILE.

Le tems ne peut guérir ma blessure mortelle.

M. DE SAINT-HELMONDE.

Mais à votre raison moi-même j'en appelle,
Cécile, vous savez la malédiction
Qu'attache aux noms flétris l'injuste opinion.
N'oubliez pas ma cause en jugeant dans la vôtre.

CÉCILE.

Eh ! mon pere, pour vou ███████ il être une
autre ?

Avez-vous intérêt à voir couler mes pleurs,
Et ne serez-vous pas vos maux de mes douleurs?

M. DE SAINT-HELMONDE.

Ma fille, je suis pere, et c'est assez vous dire,
Que je porte un cœur foible et facile à séduire ;
Mais la raison commande et fait taire l'amour :
Vous-même à ma rigueur vous rendrez grace un
　　　jour ;
Vous me remercîrez : lorsque l'âge s'avance,
Il amene à pas lents sur nous l'expérience :
Nous jugeons autrement. L'erreur qui vous
　　　séduit
Vous cache encor l'abyme où sa voix vous con-
　　　duit ;
Et votre amant et vous, pleins de votre délire,
Vous pouvez à vous même aujourd'hui vous
　　　suffire ;
Mais quand l'amour enfin (car tout finit pour
　　　nous,
Ma fille,) quand l'amour aura fui loin de vous ;
Que tous deux revenus d'une douce habitude,
Vous sentirez le poids de votre solitude ;
Que le dégoût, la haine, ou du moins la tiédeur
Ne vous laissera plus qu'un vide dans le cœur,
Dévorés de chagrins, d'ennuis insupportables,
Trop juste châtiment de qui fuit ses semblables,
En vain vous ..... vers eux quelque retour;
Il ne sera plus ..... vous maudirez l'amour,

　　　　　　　　　　　　　　Vous

Vous maudirez un pere à vos vœux trop docile ,
Qui remit en vos mains la garde difficile
De l'estime d'autrui , le garant du traité
Par qui l'homme se lie à la société.

CÉCILE.

Jamais, jamais mon pere.....

M. DE SAINT-HELMONDE.

Hélas ! vos enfans même,
Frappés dans leur berceau du terrible anathême,
Rejettons innocens immolés à l'amour,
Maudiront à la fois et leur mere et le jour.

CÉCILE.

Que dites-vous ?

M. DE SAINT-HELMONDE.

Et moi , cédant à la nature,
Pourrai-je du public éviter la censure,
La censure trop juste ! Eh ! voyez, dira-t-on,
Ce pere ; sur sa tombe il a souillé son nom ;
Il a déshonoré sa fille par foiblesse ;
Et le mépris de tous flétrira ma vieillesse !
Ma fille, il est des jours marqués pour la douleur;
Qui sait le supporter ennoblit son malheur.

G

CÉCILE.

Eh ! que me fait à moi, si je perds Darleville,
Le monde, et ce qu'il pense, et la gloire inutile
D'exercer mon courage, hélas! quand je me meurs!
Ah! plutôt, si mes jours sont voués aux douleurs,
J'en veux hâter le terme.

M. DE SAINT-HELMONDE.

O ciel ! qu'osez-vous dire !

CÉCILE.

Ce que le désespoir, ce que mon cœur m'inspire.

M. DE SAINT-HELMONDE.

Cécile, y pensez-vous ?

CÉCILE.

Plaignez-vous, plaignez-moi ;
Ah! craignez que ce jour ne soit un jour d'effroi !
Tandis qu'il en est temps, écoutez votre fille,
Voyez à vos genoux toute votre famille ;
Cécile dans les pleurs, à ses derniers momens,
Qui n'a pour vous fléchir que des gémissemens.
C'est moi qui seule encor, dans un jour plus
    prospere,
Vous ai fait tressaillir au doux titre de pere :

Avant qu'il se connût, mon cœur sut vous aimer,
Ma bouche ne s'ouvrit que pour vous l'exprimer....

(Avec chaleur.)

Non, vous ne serez pas insensible à mes larmes !
Non, la nature en pleurs a de si fortes armes !...
Elle implore, elle presse ; ah ! cédez à sa voix :
Accordez-moi la vie une seconde fois.

M. DE SAINT-HELMONDE, (avec tendresse.)

Levez-vous.

CÉCILE.

Non, jamais : non, il faut à cette heure
Que je vous attendrisse ou qu'à vos pieds je
meure.

M. DE SAINT-HELMONDE.

Ma fille, levez-vous, vous dis-je... Ecoute-moi,
Tu me vois, mon enfant, plus malheureux que toi:
Je souffre le premier du coup qui vous sépare ;
Mais que puis-je tout seul contre un monde
barbare,
Le braver, mépriser ses cris, tous ses éclats ?....
Vous saurez quelque jour qu'on ne les brave pas,
Ma fille. Ce moment doit égarer votre ame :
Tout ici, ce lieu même entretient votre flâme :
Tout y réveille en vous de trop chers souvenirs ;
Tout rappelle à vos yeux de dangereux plaisirs !

G 2

Fuyez ces lieux, ma fille : il est un autre asyle
Où la douleur au moins respire un air tranquille.
La retraite, en calmant l'orage de vos sens,
Fera tomber aussi les propos des méchans :
Ma fille, croyez-moi, cédez avec courage ;
On ne renonce point au bonheur à votre âge :
Il est de durs momens, il en est de bien doux !
Je ne veux pas long-tems me séparer de vous ;
Il m'en coûteroit trop qu'une fille si chere....

CÉCILE.

Je rends grace, Monsieur, à votre amour de
        pere :
Il ne vous restoit plus, après m'avoir repris
L'amant que de votre ordre aujourd'hui je chéris,
Que de bannir encor de chez vous votre fille ;
Mais je dois m'immoler à vous, à ma famille :
Ce logis, le couvent, tout est égal pour moi.

M. DE SAINT-HELMONDE.

Vous oubliez....

CÉCILE.

        Je sais tout ce que je vous doi :
Je sais qu'en recevant la mort qu'on me destine,
Je dois baiser encor la main qui m'assassine ;

Qu'aux tourmens, aux malheurs mon sexe est
       consacré ;
Qu'un pere peut sans crime être dénaturé !....
Je m'égare. Pardon, j'en ai le droit peut-être !
De ses premiers transports mon cœur ne fut pas
       maître ;
J'ai cru que votre sang pourroit vous attendrir.....
Vous voyez mon état ; le présent, l'avenir ;
L'avenir ! cet abyme où se perd ma pensée,
Tout porte la terreur dans mon ame glacée.
Vos vœux seront remplis ; je subirai mon sort :
Je sens qu'une retraite est pour moi le seul port...
Où je dois retrouver le calme après l'orage.
Le sacrifice est grand, mais moins que mon cou-
       rage ;
Vous serez obéi par-delà tous vos vœux.

M. DE SAINT-HELMONDE.

Je n'attendois pas moins de ton cœur vertueux :
Crois aussi.... mais j'entends ta mere ; ma Cécile,
Cache-lui ce dép........roit inutile....

SCENE XII.

Les mêmes, Madame DE SAINT-HELMONDE.

Madame DE SAINT-HELMONDE, (*avec joie.*)

EMBRASSE-MOI, ma fille, ah ! tout est réparé !
Jouissez tous les deux d'un bien inespéré :
Je reçois de Milord cette heureuse nouvelle.
Ce billet . . .

M. DE SAINT-HELMONDE, *lit*

MADAME,

« Encore quelques momens et le ciel va
» rendre, je l'espere, l'innocence à un infortuné,
» l'honneur à mon ami, et la vie à votre fille.
» L'homme dont on a accusé le jeune Darleville
» d'être l'assassin n'est pas mort ; je viens de le
» questionner. Adieu, Madame, je vole au
» secours de l'innocence et de l'amitié. »

CÉCILE.

O mon Dieu ! ta bonté paternelle

Va donc fermer l'abyme entr'ouvert sous mes pas!
Je dois tout à Milord : il m'arrache au trépas.
Ah! ma mere! ah! mon pere! en ma douleur
  extrême,
J'ai pu me rendre, hélas! coupable envers vous-
  même,
Oubliez tous mes torts; mes respects éternels;
Mes soins vont expier ces reproches cruels.
Pardon....

M. DE SAINT-HELMONDE.

            Je les oublie; avez-vous cru qu'un pere
Fût de son propre sang le tyran volontaire?
Ne pensons à vos maux que pour les réparer,
Ma fille; ce billet nous permet d'espérer;
Puisse l'événement....

Madame DE SAINT-HELMONDE.

            Ne crains rien, ma Cécile,
Tu vas revoir bientôt ce tendre Darleville,
Ton amant, ton époux : va, tout est réparé
Te dis-je, et ton bonheur n'étoit que différé.
Viens, ma fille.

CÉCILE; (avec joie.)

        Ah! ma mere! allons

                    (Ils vont pour sortir.)
                    G 4

SCENE XIII,

Les mêmes, PICARD.

PICARD, (bas à Cécile, d'un air consterné.)

MADEMOISELLE.

CÉCILE, (avec effroi.)

Dieu !

Madame de SAINT-HELMONDE, à Picard.

Que nous voulez-vous ?

PICARD,

Je viens....

M. DE SAINT-HELMONDE.

Que veux-tu d'elle,

Parle.

PICARD.

Je viens.... J'ai vu....

M. DE SAINT-HELMONDE, (avec vivacité.)

Quoi donc ?

PICARD.

Le malheureux !
Hélas ! en ce moment....

CÉCILE.

C'en est fait !

PICARD.

De mes yeux
J'ai vu sur l'échafaud.... Je frémis ! mon cher
maître ,
A l'heure où je vous parle, il expire peut-être.

CÉCILE, (avec désespoir.)

Eh bien, ma mere !

Madame DE SAINT-HELMONDE.

Ah dieu !

M. DE SAINT-HELMONDE.

Femme imprudente ! hélas !
Qu'avez-vous fait !

(Il va pour se retirer, Cécile se jette
à ses pieds.)

CÉCILE.

O ciel ! je ne vous quitte pas :
Mon pere, vous partez !

M. DE SAINT-HELMOND, avec force.)

Qu'on me laisse.

CÉCILE, (toujours à ses pieds, le retenant.)

Mon pere,
Que j'expire à vos pieds....

M. DE SAINT-HELMONDE, (se débarrassant
d'elle et avec violence.)

Non... non... jamais...

CÉCILE, (retombant dans les bras de sa mere,
hors d'elle-même.)

Ma mere,
Il est sorti !.... jamais! et voilà ses adieux !
Cher Darleville ! .... hélas! .... c'en est donc
fait !

Madame DE SAINT-HELMONDE.

O cieux !

(Madame de Saint-Helmonde et Picard la sou-
tiennent pour sortir.)

Fin du quatrieme Acte.

ACTE V.

SCENE PREMIERE.

*La théâtre représente l'intérieur de la chambre
de Cécile. D'un côté, on voit une table sur
laquelle sont deux bougies allumées ; au mi-
lieu un vase couvert.*

*Cécile a quitté ses habits brillans, et a
revêtu un simple déshabillé du soir ; elle est
assise dans une bergere, la tête appuyée sur
une de ses mains : elle annonce son trouble
par ses gestes.*

CÉCILE, *seule.*

Oui, je crois voir toujours ce spectacle d'horreur!
Je vois le fer sanglant suspendu sur son cœur ! ...
Malheureuse ! écartons cette cruelle image ,
Qui dans de tels momens glaceroit mon courage.

(Elle se leve.)

Ma mere!... ah! quel amour attendrit ses adieux!
Ses pleurs toujours contraints qui rouloient dans
    ses yeux.
Adieu, m'a-t-elle dit, que cette nuit, Cécile,
Endorme ta douleur dans un sommeil tranquille.
A demain, mon enfant.... A demain! quel réveil
Pour toi, mere trop tendre! et pour moi, quel
    sommeil!

    (Elle se promene.)

Il ne vient pas encor.... personne ne repose:
S'il étoit apperçu!.... c'est pour moi qu'il s'ex-
    pose!....
S'il s'expose pour moi, je sais mourir pour lui!...
Que pouvons-nous encor redouter aujourd'hui!
J'entends quelqu'un.

SCENE II.

Madame DE SAINT-HELMONDE, CÉCILE.

Madame DE SAINT-HELMONDE, *(en dehors.)*

CÉCILE, ouvre-moi.

C É C I L E, *(effrayée.)*

        C'est ma mere!

Ciel ! à cette heure ! ô ciel ! que veut-elle ? que
    faire ?

S'ils vont se rencontrer !.... Je tremble !

(Elle prend les deux lumieres, les
posé sur une console, et ouvre.)

Madame DE SAINT-HELMONDE.

Écoute-moi :
Veux-tu que cette nuit on veille auprès de toi ?

CÉCILE, *à part.*

O Dieu !

Madame DE SAINT-HELMONDE.

Lisette s'offre et son mari de même.

CÉCILE.

Je...

Madame DE SAINT-HELMONDE.

Si tu l'aimes mieux, je veillerai moi-même.

CÉCILE, *(avec contrainte.)*

Je ne me sens pas mal, ma mere, en ce moment.
Votre repos d'ailleurs....

Madame DE SAINT-HELMONDE.

Accepte seulement :

N'est-ce que mon repos, dis-moi, qui te retienne ?
Je vais rester.

CÉCILE, *à part.*

O Dieu !.... Je tremble qu'il ne vienne !

(*Haut.*)

Non, ma mere....

Madame DE SAINT-HELMONDE.

Pourquoi ?

CÉCILE.

Je rends grace à ce soin,
Ma mere... pardonnez.... je sens que j'ai besoin,
Cette nuit, d'être seule.... Adieu.... Je suis
tranquille,
Vous voyez.

Madame DE SAINT-HELMONDE.

Tu le veux : bonsoir donc, ma Cécile.
A demain.

(*Cécile la reconduit, et ferme après elle.*)

SCENE III.

CÉCILE, *seule*.

A DEMAIN!... ce mot brise mon cœur!
O mere infortunée! O jour de la douleur!
Jour affreux!.... Ah! pardonne; aurois-je pu,
　　ma mere,
Subir encor la vie après ma perte amere?
Non, pardonne à ta fille, et ne la maudis pas:
Pardonne à ton époux; le sort veut mon trépas.

(*Après un moment de silence.*)

Je n'entends plus de bruit, la nature immobile
Semble arrêter son cours: tout dort, tout est
　　tranquille,
Tout est calme à cette heure; hélas! le mal-
　　heureux,
Qui tout le jour s'épuise en soupirs douloureux,
Celui qui vend aux siens ses talens ou ses vices,
D'un paisible sommeil goûte au moins les délices!
Il fuit loin de mes yeux: il n'est plus, dans mes
　　maux,
D'autre repos pour moi que l'éternel repos!....
On a frappé. C'est lui.

SCENE IV.

CÉCILE, DARLEVILLE.

DARLEVILLE, (en-dehors, à voix basse.)

CÉCILE?

CÉCILE, (Allant ouvrir,)

Je frissonne !

(A Darleville qui est entré.)

Personne, mon ami, ne vous a vu ?

DARLEVILLE.

Personne,
Excepté le portier qui veille exprès pour nous.
Ma lettre a dû vous dire....

CÉCILE.

Oui ; mais qu'attendez-vous ?
Parlez.

DARLEVILLE.

Si votre amour pour moi n'est point extrême,
Rien : tout, si vous m'aimez autant que je vous
aime....
Cécile.....

CÉCILE.

CÉCILE.

Mon ami?

DARLEVILLE.

C'est le dernier effort,
Cécile, écoutez-moi ; vous avez su le sort
Du malheureux ?....

CÉCILE.

Je sais que du moins à cette heure
Il est moins malheureux que celui qui le pleure.

DARLEVILLE.

Ah ! vous avez raison !

CÉCILE.

Picard nous a tout dit.

DARLEVILLE.

Votre portier m'a fait cet horrible récit.
Je n'ai pas vu Milord depuis votre réponse ;
Mais quels sont vos desseins ? Que votre cœur
prononce.

CÉCILE.

Quels sont les vôtres ?

H

DARLEVILLE.

Moi ! devez-vous l'ignorer !
Moi ! de n'exister plus que pour vous adorer.
De vivre auprés de vous ou de cesser de vivre.

CÉCILE.

Et moi, de m'enchaîner à mon sort, de le suivre,
De rester en ces lieux, d'y mourir près de vous.

DARLEVILLE.

Pourquoi céder au sort ? Sachons parer ses coups :
L'arme du désespoir est toujours impuissante !
Cécile, éveillez-vous à ma voix gémissante :
Pour la derniere fois, votre amant aujourd'hui
Vous implore à genoux et pour vous et pour lui ;
Cédez, n'espérez plus, l'heure fuit, le tems presse :
Cédez, voici l'instant d'acquitter ma tendresse !
Un cœur souffrant pour vous, des yeux de pleurs
         noyés,
Un amant qui vous presse, et qui meurt à vos
         pieds ?
Serez-vous insensible !

CÉCILE.

Ah ! mon cœur ne peut l'être !

DARLEVILLE.

Qu'attendez-vous? Fuyons, fuyons.... demain
    peut-être,
Cécile, dans une heure, il ne seroit plus te.rs :
Fuis un pere cruel : moi, les cris insultans
D'un peuple forcené, de ce peuple barbare :
N'attends pas que ton pero à jamais nous sépare;
Ton portier est séduit, j'ai vaincu son devoir ;
Viens, une chaise est là prête à nous recevoir.

CÉCILE.

O ciel !

DARLEVILLE.

    Délibérer ! en est-il tems encore ?....
Seroit-ce donc en vain que ma voix vous im-
    plore !
Tout le veut, mon amour et votre sûreté :
Votre pere, abusant de son autorité,
Demain dans un couvent plonge votre jeunesse;
Cécile, mon amie, au nom de la tendresse,
Des jours de votre amant, venez, suivez mes pas;
Venez.... vous hésitez !.... vous ne répondez
    pas !

CÉCILE.

Connoissez, mon ami, celle qui vous adore :
J'ai refusé Milord ; et je refuse encore

Un bien qu'il faut payer aux dépens de l'honneur.
Mon devoir m'est plus cher enfin que mon
    bonheur !
On ne me verra pas emporter à ma suite
Là honte qui toujours accompagne la fuite,
Ces cris universels de réprobation,
Ni d'un père irrité les malédictions,
Les outrages cruels de ma patrie entière,
Les reproches des miens, les larmes de ma mère.
Non, mon sort est fixé : Cécile doit mourir.

DARLÉVILLE.

Est-ce pour me quitter que vous voulez périr ?

CÉCILE.

Connois-moi toute entière, écoute avec cons-
    tance :

(Avec calme.)

J'ai bien dans l'avenir pesé notre existence :
Plus de bonheur pour nous, du moins sans des
    remords :
Le ciel entre nous deux a mis tant de rapports,
Et tel est le destin d'un cœur tel que le nôtre,
Que l'un ne peut périr sans périr avec l'autre !
Mon père, tu l'as dit, brise à jamais nos nœuds :
Il faut ne nous plus voir.... rompre.... ou fuir
    tous les deux :

J'ai préféré la mort à ce parti funeste.

D'une vie odieuse il corromproit le reste !

L'opprobre, de son soufle empoisonnant mon
cœur,

Consumeroit mes jours flétris dans la langueur.

Au sort qui nous poursuit, va, mon cher Darleville,

Va, cessons d'opposer une lutte inutile.

Laissons, en recourant aux plus cruels moyens,

Une leçon terrible à nos concitoyens !....

Mais si tu ne sais pas t'armer d'un grand courage,

Va, sors, laisse-moi seule achever mon ouvrage.

Tu m'entends.... Tu frémis !....

DARLEVILLE.

Oui, je frémis pour toi !

CÉCILE.

Darleville ?

DARLEVILLE.

Cécile ?

CÉCILE.

Es-tu digne de moi ?

DARLEVILLE.

Je te mériterai.

H 3

CÉCILE. (*Elle le prend par la main, et le
mène vers la table où est le vase.*)

Viens.... quand le mal excede
Les forces de notre ame.... en voici le remede.

DARLEVILLE.

Dieu !

CÉCILE.

L'hymen vient pour nous d'éteindre son
flambeau ;
Mais nous serons du moins unis dans le tombeau ;
Reçois sur cette coupe et ma main, et mon ame ;
Adieu... C'est le dernier !... Viens te joindre à ta
femme.

(*Elle prend la coupe.*)

DARLEVILLE.

Arrête....

CÉCILE.

Qu'attends-tu ?

DARLEVILLE.

Laisse-moi commencer.

CÉCILE.

Non.

DARLEVILLE.

Je veux....

CÉCILE.

Non.

DARLEVILLE.

Je sens tout mon sang se glacer.

CÉCILE.

(Elle se met elle-
même à genoux.)

Adresse au ciel tes vœux.... Dieu, reçois ma
priere :
De mes fautes, grand Dieu! pardonne la derniere.
J'entends du bruit !

DARLEVILLE.

Attends.

Madame DE SAINT-HELMONDE, (en-dehors.)

Venez Milord.

DARLEVILLE.

Grand Dieu!

CÉCILE.

Ciel ! ma mere !

H 4

DARLEVILLE.

Milord, à cette heure ! en ce lieu !
Quel espoir !.... ô mon dieu, signale ta justice !

(*Il lui ôte la coupe des mains.*)

Tu n'acheveras pas cet affreux sacrifice ;
Je vais ouvrir.

SCENE DERNIERE.

Les mêmes, M. et Madame DE SAINT-
HELMONDE, MILORD.

Madame DE SAINT-HELMONDE.

MA fille, ah ! calme tes douleurs :
Milord tarit enfin la source de nos pleurs.

CÉCILE.

Se peut-il !

M. DE SAINT-HELMONDE, (*à Darleville.*)

Vous, ici !

DARLEVILLE.

Cette coupe mortelle

Doit vous instruire assez.....

Madame DE SAINT-HELMONDE.

Ah ! Cécile ! ah ! cruelle !

M. DE SAINT-HELMONDE.

Qu'alliez-vous faire ? O Dieu !

DARLEVILLE.

Finir notre malheur,

MILORD.

Quand j'accours pour vous rendre et la vie et
l'honneur !

DARLEVILLE.

Mon parent ? ....

MILORD.

N'est pas mort.

DARLEVILLE.

Quoi ! ce récit funeste ?....

MILORD.

Picard trompé lui-même ignore tout le reste.

DARLEVILLE.

Vous apportez sa grace?

MILORD.

Il étoit innocent !

DARLEVILLE.

(*Avec feu.*)

Je le savois !.... Sa vie, ami compatissant;
Je ne demande pas quelle main l'a sauvée :
Mais comment? dites-nous....

MILORD.

L'heure étoit arrivée;
Nous marchons vers la place où Brigdt court
     avant moi,
Tout-à-coup il revole à nous saisi d'effroi,
La mort dans les regards, et respirant à peine....
Ah ! Milord !.... Ce cri seul, sa démarche incer-
     taine,
Son accent plus terrible encor que son discours,
Ses gestes.... J'apprends tout !.... Je vois tout !...
     et j'accours.
Je laisse un ordre à Brigdt. Je le quitte, et
     m'élance.....
Arrêtez, arrêtez.... Je fends la foule immense :

J'arrive à l'échaffaud où le glaive des loix,
Déja levé, s'arrête aussi-tôt à ma voix.
On s'agite, on s'étonne, on se tait..... le silence
Tient captifs tous les flots de ce peuple en balance.
Un vieux et saint pasteur auprès du malheureux,
Tout tremblant, l'inondoit de ses pleurs ver-
tueux,
Et plus mourant que lui soutenoit son courage :
L'espoir suspend les pleurs qui mouillent son
visage.
Tout-à-coup Brigdt revient du peuple environné:
Un homme est avec lui par mon ordre amené.....
Votre parent le voit; il se love, il s'écrie :
C'est lui !.... « C'est moi qui viens pour vous
rendre la vie, »
Reprend l'homme à son tour le serrant sur son
cœur :
« Dieu ! vous alliez périr, vous mon libérateur !
» Dont la main soulagea ma blessure cruelle,
» Qui sans votre secours auroit été mortelle !
» Trois assassins sur moi firent tomber leurs
coups,
» Ils m'ont laissé pour mort, et l'on vous punit !
vous ! »
Ce mot seul pour le juge est un trait de lumière !
On mande les témoins. La ligue meurtrière
Paroît, frémit, se trouble, et confesse en effet
L'innocence de l'un et son double forfait.

Madame DE SAINT-HELMONDE.

Ah ! ciel !

DARLEVILLE.

Ah ! mon ami , quelle reconnoissance
Peut égaler jamais?...

MILORD.

J'ai sauvé l'innocence ,
Et j'ai pu prévenir les fautes de l'amour;
Soixante ans de bonheur valent-ils un tel jour ?

DARLEVILLE.

Mon généreux ami !

CÉCILE, (avec calme.)

Mon cœur semble renaître.
Échappée à la mort je prends un nouvel être !
Ah! Milord !....ah! ma mere !....ah! mon ami!...
Je sens
Mon ame défaillir sous tant d'assauts pressans !
Mon pere!....

M. DE SAINT-HELMONDE.

Chere enfant !

CÉCILE.

Ah ! vous versez des larmes !

M. DE SAINT-HELMONDE.

Oui , ces pleurs sont de joie. . . . Oublions nos
     allarmes :
Pardon , mes chers enfans , je vous ai séparés.

(*Il unit leurs mains.*)

Que mes torts envers vous soient ainsi réparés.
Ces torts sont ceux du siecle , et non pas ceux
     d'un pere.
J'en ai gardé toujours le sacré caractere.
Si du sang aujourd'hui j'ai fait taire la voix ,
Mon cœur est innocent du crime de nos loix.
Comme il dut commencer qu'au moins ce jour
     finisse ,
Et qu'avec nos malheurs son souvenir périsse.

MILORD.

Que plutôt dans les cœurs il revive à jamais !

DARLEVILLE, (*vivement.*)

Oui , pour y consacrer votre nom, vos bienfaits.

MILORD, *(de même.)*

Non, pour que dans la France à jamais il rappelle
D'un cruel préjugé la ruine éternelle :
Pour que tout l'avenir, justement indigné,
Demande en frémissant comment il a régné ;
Et, qu'éclairés enfin aux dépens de vos peres
Vous ne répondiez plus des fautes de vos freres.

FIN.

E R R A T A.

Sur le titre. *Le crime fait la honte et non pas l'échafaud.* Au lieu de *Rotrou*, lisez : *T. Corneille.*

Page 6 de l'ouvrage. Vers 13, *étoient ouvertes*, lisez : *étoit ouverte.*

Page 11, vers 2, *quitterai-je*, lisez : *quitterais-je.*

Page 14, vers 1ᵉʳ, *on attent*, lisez : *attend.*

Page 16, vers 2, *à Londres*, lisez : *Londre.*

Page *idem*, vers 8, *je les aperçois*, lisez : *aperçoi.*

Page 19, vers 2, *ici vos postillons.* Otez le point.

Page 24, vers 2, *je vous vois à tous deux*, lisez : *je vous vais.*

Page 29, vers 6, *si je l'eusse prévus*, lisez : *prévue.*

Page 36, vers 18, *discours conffus*, lisez : *confus.*

Page 55, vers 7, *réveill* son murmure, lisez : *réveille.*

Page 61, vers 3, *d'une foule*, lisez : *faute.*

Page 68, vers 6, *n'approchent* jamais, lisez : *n'approchèrent.*

Page 69, vers 15, qu'en *ces* bienfaits, lisez : *ses.*

Page 80, vers 8, *son juge.* Ce mot doit être dit par *Cécile*, et non pas par *Milord.*

www.ingramcontent.com/pod-product-compliance
Lightning Source LLC
Chambersburg PA
CBHW071952110426
42744CB00030B/954